Grundlagen der japanischen Sprache

日本語

Lehrmaterialien

Grundstufe Teil 2 — 初級　下

Ostasienzentrum
der Technischen Universität Dresden
ドレスデン工科大学　東アジアセンター

Hisako Niki-Dahlen
二木　緋紗子

TUD*press*

Abkürzungsverzeichnis

Adj.	→	Adjektiv
Adv.	→	Adverb
dt.	→	deutsch
eng.	→	englisch
Nadj.	→	Nominaladjektiv
Neg.	→	Negation
Part.	→	Partizip
Präs.	→	Präsens
Prät.	→	Präteritum
s.	→	siehe
S.	→	Seite
Sub.	→	Substantiv
u.	→	und
vgl.	→	vergleiche
vi.	→	Verb intransitiv
vt.	→	Verb transitiv
	→	Antworten Sie!
	→	Wichtig, Achtung, Beachten Sie!
	→	Hinweis

Bibliografische Information der Deutschen Nationalbibliothek

Die Deutsche Nationalbibliothek verzeichnet diese Publikation in der Deutschen Nationalbibliografie; detaillierte bibliografische Daten sind im Internet über http://dnb.d-nb.de abrufbar.

Bibliographic information published by the Deutsche Nationalbibliothek

The Deutsche Nationalbibliothek lists this publication in the Deutsche Nationalbibliografie; detailed bibliographic data are available in the Internet at http://dnb.d-nb.de.

ISBN 978-3-941298-39-2

Verlag der Wissenschaften GmbH
Bergstr. 70 | D-01069 Dresden
Tel.: 0351/47 96 97 20 | Fax: 0351/47 96 08 19
http://www.tudpress.de

Gesetzt von der Autorin.
Coverabbildung: Nannette Kampf
Abbildungen der Titelseite: Hisako Niki-Dahlen
S. 77, Abb. unten links: Mareike Räthel
Übrige Abbildungen: Hisako Niki-Dahlen
Druck und Bindung: Books on Demand GmbH Norderstedt
Made in Germany.

Inhaltsverzeichnis - 目次（もくじ）

Seite

第 16 課 Lektion 16

– ホテルは予約（よやく）してありますか？ –

第 17 課 Lektion 17

– また いつか 日本に来たら、電話（でんわ）してください。–

Übersicht und Ziele des Lehrbuchs Teil 2

Nachdem wir im ersten Teil des Lehrbuchs „Grundlagen der japanischen Sprache“ wie durch ein Eingangstor mit einem allerersten Schritt in die japanische Sprache eingedrungen sind, wollen wir im zweiten Teil ein paar Schritte voran kommen, wenngleich diese auch manchmal recht mühsam erscheinen mögen. Mit Teil 1 und Teil 2 zusammen erhält man eine Gesamtübersicht über die japanische Sprache und ein solides Gerüst zum weiteren Lernen.

Der **Teil 2** umfasst folgende Thematiken und Lernziele:

Schrift

- Katakana: Lesen und Schreiben von Wörtern in Katakana
- Kanji: Erweiterung des Kanji-Inventars und seine Verwendung in Vokabeln
  Schreibfähigkeit ca. 70 Zeichen, Lesefähigkeit ca. 120 Zeichen. Es besteht dabei Möglichkeit, selbständig weitere Vokabeln in Kanji zu lernen.

Grammatik

- Neue Wortart „Nominaladjektiv“
- Verschiedene Beugungen des Verbs für die
  Vergangenheitsform
  Partizipform
  Fähigkeits-/Möglichkeitsform
  Passivform
  Imperativform
- Zusammensetzungen mit dem gebeugten Verb für
  Aspekt
  Modale Hilfsverben „möchten, dürfen, müssen“
  Geben-Bekommen-Verhältnis
  Zustandsdarstellung
- Satzkomplexe
  Konjunktiv II
  weitere Konjunktionen

Diskursstil

- Vertraute Ausdrucksform unter Freunden und jungen Menschen
- Höflicher Ausdruck
- Wahrnehmen des Stilwechsels derselben Person gegenüber je nach der Situation oder je nach der sprachlichen Auffassung des Sprechers bzw. dem sprachlichen Geschmack unabhängig vom vertraut-höflichen Verhältnis

Pausenhof

Wie im Teil 1 finden sich auch im Teil 2 am Ende einiger Kapitel Seiten mit der Kennzeichnung - **Pausenhof** -. Hier wird wie auf dem Schulhof in der Unterrichtspause über verschiedene Themen geplaudert, die mit dem eigentlichen Lernstoff nichts direkt zu tun haben. Sie sollen zwischendurch als Abwechslung vom Lernen wie eine Erfrischung wirken, damit die Japanischlernenden die japanische Sprache und Kultur auch aus einer anderen Perspektive kennen lernen können.

Tipps

Die Mühe, die verschiedenen Beugungen des Verbs und immer die Vokabeln mit ihrer Wortart zusammen zu lernen, wird ganz bestimmt dadurch belohnt, dass man sich mit der Zeit wesentlich leichter im Japanischen bewegen kann. Es hilft auch sehr, die Beispielsätze auswendig zu lernen. Das bedeutet viel Mühe, aber dafür werden auch süßere Früchte versprochen. In diesem Sinne wünscht Ihnen die Autorin ganz herzlich weiterhin viel Freude am Lernen.

この Grundlagen der japanischen Sprache の下巻は、上巻で学習した事柄の延長であることは言うまでもありません。上巻の基盤の上に積み上げられる新しい出発地点であり、同じ基本理念に従って構成され、説明され、学習が進んでいきます。

日本語の文章は、全て以下の３つのタイプに分類されることを土台においていることも変わりません。

a. 名詞文 (Substantivsatz)

b. 形容詞文 (Adjektivsatz)

c. 動詞文 (Verbensatz)

最初の第 8 課は Möchte-Form がテーマですが、これはタイプとしては b の形容詞文 (Adjektivsatz) にあたります。続く第 9 課で新しい品詞として Nominaladjektiv を導入します。この名称は日本語教育界においてはいまだに論争を呼ぶものですが、上記の名称のとりあえずの使用は、この品詞の名詞的性格と機能を前面に出したい著者の意図を表しています。しかしそれ以上に、動詞と同じく活用をする形容詞の本質を欠いていることが、形容詞の一種のように取り扱うことを強く避ける理由となっています。その意味で、第 9 課は a の名詞文 (Substantivsatz)に属します。そして、下巻でインテンシブに習得を目指すカタカナ文字、及びカタカナ語がこの Nominaladjektiv と関連していることも、この教科書の学習順序の拠りどころです。

第 10 課以降は全て動詞文(Verbensatz)のバリエーションです。この下巻で動詞そのものの多彩な活用形を学習し、それを応用した表現の色々な可能性を学習者が経験することを希望しています。

下巻においても、文法上の普通体を **Monologform**、丁寧体を **Kommunikativform** と名づけ、この **Monologform** と **Kommunikativform** がコミュニケーションの現場で入り混じっていることをテキストで示しています。通常普通体と丁寧体に分類されているスタイルを、単に親疎関係だけに投影 するのではなく、自己と外界の認識を言語化する時の関係性を分類の基準としています。対話の 相手との関係だけでなく、発話やコミュニケーションの場により、あるいは気分や言語観などによっても、同一人物に対して二つのスタイルの間を行き来できるのは何故か。こうした言語活動における日本語の特質に、外部と自己の関係とその言語表現が一貫したドイツ語母語話者の注意を促したい、非常にエゴセントリックな言語構造をもつ日本語が、言語表現においても自己と外界認識の境界のあいまいさ、あるいは浸透性/伸張性と深く関わっている特質を意識するための手がかりを与えたい、という理念が基礎になっています。

その他のコメント

1. 日本語の文法事項は一応網羅してありますが、使役表現は時間数の関係で省略してあります。
2. ドイツ語訳は、日本語の性質を伝えることを優先した場合には、ドイツ語として奇異な箇所があります

3. 日本語学習では品詞を常に意識することを薦めます。品詞にはそれ特有の条件や機能枠があり、それに従うことによって読み書きに道が見つけやすくなります。
4. 漢字の学習では、ひとつひとつの記号としてではなく、単語として扱うことに重点を置きました。従って、読める漢字何個、書ける漢字何個という風には具体的な数で提示できない弱点があります。ひとつの単語を覚えるときに、それと切り離せないものとして文字も覚える。これが漢字の取り扱いのプリンシプルになっており、その意味でも漢字の音訓には触れていません。その点に関しては教える方々それぞれの方法と工夫を駆使してください。
5. なお、ほとんどの単語は、日本人が普通に書くように漢字で（ルビ付き）書かれています。これらは単なる参考として、単に文字体験として書いてあるだけです。学生の恐怖と心配は最初に静めて上げてください。
6. 漢字の書き順は教科書の中ではまったく触れていません。実際の授業で丁寧に示してください。
7. 本文中の動詞のリストは、小さな単語集のつもりで挙げであります。基本語彙以外でどの単語を学習対象にするか、または追加するかは教師の方々の判断を拠りどころとしてください。なお、上巻では形容詞の、下巻ではNominaladjektivのリストを付録として作りました。これも、学生や教師の自由な作業に応えられるようにとの意図で作成したものです。辞書代わりに参考にしてもらえると嬉しく思います。更に上下巻両方の副詞のリストも同じ意図で挿入してあります。
8. 上巻でもそうでしたが、下巻もテキスト、内容、語彙や文法など、全ての点でまず順番に従って進んでください。すぐには見えないかもしれませんが、あらゆる事柄がそれぞれ関連し合っています。既習の繰り返し、次に学習するものの先取りなど、特にテキストでは行ったり来たりジグザクに進んでいきます。
9. 日本語学習が刺激に満ちた経験になりますように願っています。

ドイツ語を母語とするドイツ人学生を対象としたこの日本語初級教科書 (Grundlagen der japanischen Sprache Grundstufe 1 und 2) 上下2巻は、独立行政法人国際交流基金日本語国際センターの多大な助成を受けて完成の運びとなりました。この場を借りて深くお礼を申し上げます。更に、ドレスデン工科大学と姉妹校関係にある慶応義塾大学の湘南藤沢キャンパスドイツ語教室の先生方の協力や、その他大勢の方々の有形無形のお力添えを受けて仕上げることができました。感謝にたえません。

Die Veröffentlichung der zwei Bände „Grundlagen der japanischen Sprache Teil 1 und Teil 2“ wurde durch die freundliche Unterstützung des Japanischen Sprachinstitut in Urawa der Japan Foundation ermöglicht, für die ich mich herzlich bedanke.

JAPANFOUNDATION 独立行政法人 国際交流基金

ひらがな と カタカナ の比較表（ひかくひょう）

a-Reihe (Vokale)	あ	い	う	え	お
	ア	イ	ウ	エ	オ
k-Reihe	か	き	く	け	こ
	カ	キ	ク	ケ	コ
s-Reihe	さ	し	す	せ	そ
	サ	シ	ス	セ	ソ
t-Reihe	た	ち	つ	て	と
	タ	チ	ツ	テ	ト
n-Reihe	な	に	ぬ	ね	の
	ナ	ニ	ヌ	ネ	ノ
h-Reihe	は	ひ	ふ	へ	ほ
	ハ	ヒ	フ	ヘ	ホ
m-Reihe	ま	み	む	め	も
	マ	ミ	ム	メ	モ
y-Reihe	や		ゆ		よ
	ヤ		ユ		ヨ
r/l-Reihe	ら	り	る	れ	ろ
	ラ	リ	ル	レ	ロ
w-Reihe und n	わ		ん		を
	ワ		ン		ヲ

Anmerkungen zur Schreibweise in Katakana:
Die Schreibweise **aller** phonetischen Variationen wie der stimmhaften, Doppel- bzw. modifizierten Konsonanten ist **absolut identisch mit Hiragana** !

Anmerkungen zu den Katakana-Zeichen

I. Form

1. Das Katakana-Zeichen ist aus einem Teil eines Kanji-Zeichens entstanden und weiterentwickelt worden, während ein Hiragana-Zeichen durch handschriftliche Umformung eines ganzen Kanji-Zeichens abgeleitet wurde.
2. Die Systematik der Katakana- und Hiragana-Zeichen ist vollkommen parallel aufgebaut.

II. Schreibweise

1. Die Hilfszeichen für die stimmhaften und modifizierten Konsonanten sowie die Schreibweise der Doppelkonsonanten sind ebenfalls identisch mit denen von Hiragana.

Beispiele:

が → ガ　　ざ → ザ　　だ → ダ
ば → バ　　ぱ → パ　　ぽ → ポ
きゃ → キャ　　きゅ → キュ　　きょ → キョ
じゃ → ジャ　　じゅ → ジュ　　じょ → ジョ
ぴゃ → ピャ　　ぴゅ → ピュ　　ぴょ → ピョ
おっと → オット　　びゅうっと → ビュウット

2. Für die lang gezogene Aussprache wird das Zeichen "—" verwendet. In der senkrechten Schreibweise eines Textes wird dieses Zeichen entsprechend senkrecht " | " geschrieben.

Beispiele:

Aalen → アーレン　　Ines → イーネス　　Kaffee → コーヒー

III. Anwendungen

1. Katakana-Zeichen werden für die Transkription von Fremdwörtern verwendet. (Ausnahme: chinesische Fremdwörter)
2. Für die Schreibung der Onomatopöie (Lautmalerei)
3. Um einen bestimmten optischen oder akustischen Effekt zu erzielen

IV. Besonderheiten der Transskription

Die japanische Silbenschrift kann natürlich fremde Laute, die in der japanischen Sprache nicht enthalten sind, nicht genau transkribieren. Fremdwörter müssen dementsprechend japanisiert / vokalisiert mit Katakana umschrieben werden. Man hat immer wieder Schwierigkeiten, möglichst treffend zu transkribieren.

		Tippweise auf der PC-Tastatur
ティー	tea	für ti / tea / ty ー ティ (tippe: **t e l i**)
フィヒテ	Fichte	
ゲヴァルト	Gewalt	für wa – ヴァ (tippe: **v a**)
ファーム	farm	
ハンディ	handi(cap)	für di / dy ー ディ (tippe: **d e l i**)
ウェーブ	wave	fürs englische wa ー ウェ (tippe: **u l e**)
ヴィルヘルム	Wilhelm	für vi / wi ー ヴィ (tippe: **v i**)

Trotz aller Anstrengungen ist es nahezu unmöglich, die deutschen Umlaute ö, ü, das ch oder die französischen Nasallaute zu transkribieren. Hierzu einige Beispiele, wie sich nach vielen Jahrzehnten bestimmte Schreibweisen fest etabliert haben:

ケルン	für Köln	ミュンヘン	für München
ゲーテ	für Goethe		(tippe: **mzu n hen**)
ゲッティンゲン	für Göttingen	**Frage**: Was kann シェーン sein?	

カタカナの 練習（れんしゅう） 1

つぎ の カタカナを 読（よ）んでください。Lesen Sie Katakana-Zeichen:

1.

2.

3.

4.

5.

6.

7.

8.

9.

つぎの カタカナの 言葉(ことば)を 読みましょう。

1.

2.

3.

4.

5.

カタカナの 練習（れんしゅう） 2

I. つぎの カタカナ言葉（ことば）を 読（よ）んでください。ドイツ語で なんでしょう？

1. コピーする
2. オープンする
3. クリアする
4. スタートする
5. チェックする
6. リラックスする
7. メモする
8. イメージする
9. プリントする
10. チャレンジする
11. プレゼントする
12. リフレッシュする
13. カットする
14. ダウンする

II. つぎの 文章（ぶんしょう） を 読みましょう。　　ぶんしょう ― Satz; Text

1. ドレスデン工科大学（こうかだいがく） の 学生です。
2. 毎日 メールを 書（か）きます。
3. 何（なに）か スポーツを しますか。
4. ホテルを キャンセルしました。
5. ホームページを 作（つく）りました。
6. 母に ノートパソコンを プレゼントしました。
7. アニメファンのネットワークを 作ります。
8. 東（ひがし） アジアセンターで 新（あたら）しいプロジェクトを 始（はじ）めます。

III. カタカナで 書（か）きましょう。(wenn nötig, in Kombination mit Kanji)

1. ばす
2. すきー
3. こーひー
4. じゅーす
5. たくしー
6. てれび
7. ぱーてぃ
8. といれ
9. ぷりんと
10. どいつじん
11. めっせーじ
12. いぎりすじん

Pausenhof **Japanisierte Katakana-Wörter**

Die moderne japanische Sprache ist ohne die riesige Zahl von Fremdwörtern, die in Katakana geschrieben werden, nicht mehr vorstellbar. Ohne Katakana-Kenntnisse wird man im japanischen Alltag nicht weit kommen. Die Fremdwörter (meistens englische) werden jedoch nicht nur in japanisierter Aussprache mit Katakana transkribiert, sondern auch mal abgekürzt oder neu zusammengesetzt. Manchmal entstehen aus sehr originellen Zusammensetzungen völlig neue, eigenwillige Wörter. Dies macht dem Studierenden das Japanischlernen nicht gerade leichter. – Aber keine Panik, selbst dem Japaner sind die neuen Katakana-Wörter oft rätselhaft. Manchmal ist es auch äußerst spannend herauszufinden, aus welchen Originalwörtern solche synthetischen Kreationen entstanden sind. Diese Tendenz der Wortschöpfung ist eigentlich universal, auch im Deutschen gibt es viele eigene Abkürzungen oder Neuzusammensetzungen. Können Sie die Bedeutung der folgenden Beispiele erraten? (die „Auflösungen" finden Sie auf der nächsten Seite)

I. Verkürzte Wörter:

1. レジ
2. プロ
3. ネット
4. トイレ
5. コンビニ
6. エアコン
7. エンタメ
8. パート
9. マイク
10. マスコミ
11. バイト
12. デマ

II. Verkürzt und zusammengesetzt:

13. アル中（ちゅう）
14. ピンぼけ
15. エコカー
16. デジカメ
17. カツサンド
18. カーナビ
19. セクハラ
20. ゲルピン
21. マザコン
22. バックシャン

III. Japaneigene Kreationen:

23. ナイター
24. クールビズ
25. パトカー
26. マイペース
27. シュークリーム
28. コンセント
29. マイホーム
30. テーマソング

IV. Zusammengesetzte neue Verben:

31. ＰＲする
32. パニクる
33. トラブる
34. デモる

Pausenhof — Japanisierte Katakana-Wörter

Bedeutung der japanisierten Katakana-Wörter

I. Verkürzte Wörter:

1.	レジ	= Kasse ← register	2.	プロ	= professional
3.	ネット	= internet	4.	トイレ	= toilet
5.	コンビニ	= convenience store	6.	エアコン	= air conditioner
7.	エンタメ	= entertainment	8.	パート	= part-time
9.	マイク	= microphone	10.	マスコミ	= mass communication
11.	バイト	= Teilzeitjob ← Arbeit	12.	デマ	= Demagogie

II. Verkürzt und zusammengesetzt:

13. アル中 = Alkoholiker ← Alkohol + 中毒(ちゅうどく) (Vergiftung)
14. ピンぼけ = unscharf, nicht fokussiert ← punt (holländisch) + ぼけ(Demenz)
15. エコカー = umweltfreundliches Auto ← ecology + car (ecological car)
16. デジカメ = Digitalkamera ← digital + camera (digicam)
17. カツサンド = Kotelettsandwich ← cutlet + sandwich
18. カーナビ = car navi ← car + navigation system
19. セクハラ = sexual harassment
20. ゲルピン = in Geldnot sein ← Geld + pinch (eng.) nicht mehr so geläufig
21. マザコン = Mutterkomplex ← mother + complex
22. バックシャン = eine Frau, deren Aussehen von hinten attraktiv, aber von vorne ganz schön enttäuschend ist ← back (eng.) + schön (dt.) nicht mehr so geläufig

III. Japaneigene Kreationen:

23. ナイター = Spiel (vor allem Baseball-Spiel) unter Flutlicht; Flutlichtspiel ← night game, „nighter"
24. クールビズ = Aufgelockerter Kleidungskodex im Sommer für Beamte oder Angestellte. Ohne Krawatte, ohne Jackett, damit die Klimaanlage auf 28°C eingestellt werden kann. Ein Versuch zum Umweltschutz. ← Cool Biz (cool business wear?) seit 2005 geläufig.
25. パトカー = Streifenwagen ← patroll car
26. マイペース = mit eigenem Tempo, auf eigene Art und Weise ← my + pace
27. シュークリーム = Windbeutel ← chou à la crème (französisch)
28. コンセント = Steckdose
29. マイホーム = Eigenheim ← my home
30. テーマソング = Titel-Song ← Thema (dt.) + song (eng.)

IV. Zusammengesetzte neue Verben:

ＰＲする	= Reklame machen	パニクる	= von Panik ergriffen werden
トラブる	= in Trouble sein	デモる	= demonstrieren

― 何(なに)が 食(た)べたい？ ―

アンネ・ヴェーバー：	慶応(けいおう)の交換留学生(こうかんりゅうがくせい)、ドイツ人
カルロス：	アンネさんの日本語のクラスメート、ブラジル人
森川　えみ：	慶応の学生、アンネさんのともだち

アンネさんは 病気(びょうき) に なりました。
(電話(でんわ)のベルが 鳴(な)ります。)

カルロス：アンネ、ぼく、カルロス。今日は どうしたの？ じゅぎょうに来なかったね。
アンネ：うん、頭(あたま)がすごく 痛(いた)くて・・ 勉強(べんきょう)なんか ぜんぜんできないよ。だから、どこにも出かけたくなかった。
カルロス：病気(びょうき)？
アンネ：うん、風邪(かぜ)だと 思(おも)う。
カルロス：そう、じゃあ、早(はや)く よくなってね。バイバイ。
(また ベルが 鳴(な)ります。)
えみ：アンネさん、病気(びょうき)ですって？
アンネ：うん、頭(あたま)がすごく痛(いた)くて、熱(ねつ)も あるみたい。
えみ：薬(くすり)は？
アンネ：薬は、なるべくのみたくない。
えみ：私、今日の午後(ごご)は ひまだから、アンネさんの 所(ところ)に行くよ。何が 食べたい？ 持(も)って行くけど。
アンネ：今、何も 食(た)べたくない。食欲(しょくよく)が ぜんぜん ないの。
えみ：でも、何か ほしい物(もの)が あるでしょう？
アンネ：うん、そうだねぇ、ドイツのパンが 欲(ほ)しい なぁ。

Bereits bekannte Kanji, die Sie schon lesen können:

今日 (きょう)	今 (いま)	大学 (だいがく)	行く (いく)
来る (くる)	来ない (こない)	私 (わたし)	何 (なに)

Neue Kanji der Lektion:

食べる ― たべる　　　　思う ― おもう

第 8 課

— あたらしい　たんご —

1. 病気（びょうき） — (Sub.) Krankheit, krank sein
2. なりました　<=　なる — (vi.) werden, sich ergeben
3. 電話（でんわ） — (Sub.) Telefon, Telefonat
4. ベル — (Sub.) Klingel
5. 鳴ります（なります）<=　鳴る — (vi.) es klingelt, klingen
6. 頭（あたま） — (Sub.) Kopf
7. 痛い（いたい） — (Adj.) schmerzlich; es tut weh
8. A　なんか — so etwas wie A (mit einem ärgerlichen Beigeschmack)
9. だから — deswegen; daher; darum
10. 出かけたくない　<=　出かける — (vi.) ausgehen
11. 風邪（かぜ） — (Sub.) Erkältung
12. 思う（おもう） — (vi u.vt.) denken; glauben; meinen
13. 早く（はやく）<=　早い(Adj.) — (Adv.) schnell; früh; rasch
14. よくなって!　<=　よくなる — Gute Besserung!
15. 熱（ねつ） — (Sub.) Fieber
16. 薬（くすり） — (Sub.) Medikament
17. なるべく — (Adv.) möglichst
18. 午後（ごご） — (Sub.) Nachmittag ↔ 午前（ごぜん）
19. ひま — (Nadj.) freie Zeit haben
20. A　の　所（ところ） — (Sub.) Ort von A = bei A
21. もって行く — (vt.) etwas mitnehmen
22. 食欲（しょくよく） — (Sub.) Appetit
23. 物（もの） — (Sub.) Gegenstand; Ding; Zeug

Zusatzvokabeln - Körperteile

Versuchen Sie nach folgendem Schema über Schmerzen zu klagen. Damit kann man Schmerzen an allen Körperstellen ausdrücken.

Ich habe Kopfschmerzen　=　あたま　が　いたい。（A）が　いたい。

	Deutsch	Japanisch		Deutsch	Japanisch
1	Ohr	耳（みみ）	9	Hand	手（て）
2	Zahn	歯（は）	10	Finger	指（ゆび）
3	Auge	目（め）	11	Nacken; Hals	首（くび）
4	Hals / Kehle	喉（のど）	12	Rücken	背中（せなか）
5	Schulter	肩（かた）	13	Fuß, Bein	足（あし）
6	Magen	胃（い）	14	Knie	膝（ひざ）
7	Bauch	お腹（おなか）	15	Gelenk	関節（かんせつ）
8	Arm	腕（うで）	16	Kopf	頭（あたま）

耳、目、手 – sind **elementare Kanji-Zeichen**

－ 文法（ぶんぽう） Grammatik －

In Lektion 8 lernen wir einen weiteren Ausdrucksstil näher kennen. Seine Form ist die grammatische Grundform, die keine reale zwischenmenschliche Beziehung widerspiegelt. Diese grammatische Grundform wird in diesem Lehrbuch als Monologform bezeichnet. Sie wird nicht nur für den Monolog oder neutralen Ausdruck, sondern auch für die sehr vertraute zwischenmenschliche Kommunikation eingesetzt. Diese Form und ihre Anwendungsmöglichkeiten lernen wir nun genauer.

Themenübersicht

1. Möchte-Form
   a. Verb i-Basis ＋ たい (ich möchte etwas tun)
   b. (Substantiv) が ＋ ほしい (ich wünsche mir etwas; ich möchte etwas gerne haben)
2. Verb なる
3. Hilfsverb だ

1. Möchte-Form

Schema 1 – **Verb i-Basis ＋ たい**
(Die Nachsilbe たい ist als Wortart ein Adjektiv !)

	Aussage-Form	Möchte-Form	
	Präsens	Präsens	Präteritum
positiv	日本に行く	日本に行きたい	日本に行きたかった
negativ	日本に（は）行かない	日本に行きたくない	日本に行きたくなかった

Besonderheit!

おさけを のむ (Ich trinke Sake.) → おさけが のみたい (Ich möchte Sake trinken.)
Die Joshi-Partikel を vom 4. Fall im normalen Aussagesatz wird in der Möchte-Form manchmal zu が verändert (bei den Verben たべる、のむ、見る). Dies geschieht bei Ausdrücken der Fähigkeit / Möglichkeit oder Wunschäußerung.

Schema 2 – **Substantiv ＋ が ほしい** **(Ich wünsche mir Substantiv.)**
(Ich möchte Substantiv haben.)
ほしい **ist ein Adjektiv !**

Ältere soll man nicht in der Möchte-Form fragen „Ob er etwas haben möchte …?“. **Es klänge unhöflich. Die Frage wird in der Aussageform gestellt.**

Zum Beispiel:
先生、おすしがあります。いかがですか。(statt 食べたいですか。)

2. Verb なる

なる - werden; sich ergeben; sich entwickeln
Begrifflich ist なる der Gegensatz zu する. **なる (werden) ↔ する (tun)**

Anwendung:

1.

Wortart	Form	Beispiel	
Substantiv **Nominaladjektiv** (siehe Lektion **9**)	に なる	びょうき に なる	Ich werde krank.
		げんき に なる	Ich werde gesund.
		明日 ひま に なる	Morgen werde ich frei haben.

2.

Wortart	Form	Beispiel	
Adjektiv (**Endsilbe** い **beugt zu** く = **Adverb**)	く なる	さむく なる	Es wird kalt.
		あたまが いたく なる	Ich bekomme Kopfschmerzen.
		( ) よく なる	Es wird besser.

Zusammenfassung: Substantiv / Nominaladjektiv + に und **gebeugtes Adjektiv** (Endsilbe zu く) haben **eine adverbiale Funktion**. Die adverbiale Funktion gilt selbstverständlich für alle Verben.

Beispiele: げんきに あるく。/ よく食べる。/ よくできました。

3. Hilfsverb だ

Das Hilfsverb だ wird **immer nur hinter ein Substantiv / Pronomen / Nominaladjektiv gestellt** und kann auch in manchen Fällen als vertraute Form von です wirken.

Funktionen und Beispiele:

1. だ wird hinter Substantive und Nominaladjektive gestellt und drückt eine **betonte Feststellung des Sprechers** aus. Dieses だ wird unter Freunden benutzt.
— しょくよくが ないんだ。(Ich habe doch keinen Appetit.) ん ← の
ん nach einem Verb oder Adjektiv nominalisiert den Satz und ermöglicht dadurch eine Verbindung mit だ.

2. だ funktioniert auch einfach nur als grammatischer Faktor im Nebensatz mit einer Konjunktion.

— かぜだ と おもう。 Ich glaube, dass ich mich erkältet habe.
…と おもう → Ich denke / glaube / meine, dass …
— ひまだ から, … Weil ich frei habe, …

> Im Nebensatz wird die Konjunktion ans Satzende gestellt. Dabei steht das Verb und Adjektiv in der Grundform, das Substantiv und Nominaladjektiv mit だ (s. **Lektion 9**).

Kommentar zu den Formen des Prädikatsteils

In der japanischen Sprache muss man sich stets darauf achten, ob man die Sprache nur auf sich selbst bezieht - eine **nicht-kommunikative Sprachsituation** -, oder ob man sie für einen **Kommunikationsakt** einsetzt, wobei die Beziehung mit dem Gegenüber die Form des Prädikatsteils bestimmt.

Der **erste gedankliche Schritt** für die Wahl des Prädikatsteils ist die Unterscheidung zwischen einer kommunikativen oder nicht-kommunikativen Situation. Im **nächsten Schritt** erfolgt die Differenzierung eines neutral-höflichen von einem sehr vertrauten Verhältnis zwischen den Sprechenden. Auch die Beziehung zu einer in das Gesprächsthema einbezogenen Drittperson ist zu berücksichtigen.

Vergleiche:

Deutsche Sprache

- Es gibt keine grammatische Extraform für den Monolog.
- Man kann die zwischenmenschliche Beziehung sprachlich klar in zwei Formen unterteilen, die Du- und die Sie-Form. Der dadurch bestimmte Prädikatsteil ändert sich nicht, solange sich die reale Beziehung nicht ändert.

Japanische Sprache

- Für den Monolog wird grundsätzlich die Grundform benutzt:
  Substantiv, Pronomen, Nominaladjektiv →
  mit oder ohne Grundform des Hilfsverbs “ だ ”
  (だ ↔ です)
  Adjektiv → nur Grundform ohne Hilfsverb
  Verb → Grundform im Präsens oder im Präteritum

- In der sprachlichen Kommunikation gibt es mehrere Prädikatsformen je nach der realen Beziehung oder der persönlichen und sprachlichen Einstellung des Sprechers.
- Wir lernen hier aber nur zwei Formen: die **neutral - höfliche** und die **sehr vertraute (kommunikative Form** und **Monologform**).

Anwendung

- Die sprachlich vertraute Form → zwischen sehr vertrauten Freunden; unter jungen Leuten; zu Kindern; in der Familie
- Die sprachlich höfliche Form → älteren Personen gegenüber, auch wenn sie mit Ihnen vertraut und gut befreundet sind

Vertraute Form

Substantiv, Pronomen, Nominaladjektiv →
genau wie in der Monologform. Wichtig ist aber, dass an den Satz Schlusspartikeln wie ね、なの？ よ、けど angehängt werden, die eine kommunikative Situation anzeigen. Damit wird der Satz als ein Kommunikationsakt belebt.

Adjektiv → Grundform und auch Grundform + Hilfsverb der で-Gruppe

Verb → Grundform im Präsens und im Präteritum

Höfliche Form

Substantiv, Pronomen, Nominaladjektiv → mit Hilfsverb で-Gruppe
Adjektiv → mit Hilfsverb で-Gruppe
Verb → mit Hilfsverb ま-Gruppe

In der vertrauten Beziehung dürfen sprachlich vertraute und höfliche Formen gemischt verwendet werden. Je nach der sprachlichen Einstellung des Sprechers kann auch in der vertrauten Beziehung nur mit der höflichen Prädikatsform gesprochen werden. Vor allem **älteren Personen** gegenüber, mit denen Sie auch in einer **sehr vertrauten Beziehung** stehen, sollten Sie die **höfliche Sprachform** verwenden.

Schriftsprache:
Allerdings wird der Text für einen Vortrag oder eine Rede, die vor einem Publikum gehalten wird, in der kommunikativen höflichen Form geschrieben. Ansonsten wird die Schriftsprache in der Grundform verwendet (siehe Text Lektion 9).

― 練習 （れんしゅう） Übungen ―

Aussagesatz を ドイツ語 に やくします。そして Möchte-Form に 変(か)えてください。
(変(か)える ― ändern, verändern) ドイツ語の 文(ぶん) は 日本語にやくします。(文 ― Satz)

Aussagesatz	Möchte-Form
1. 何を食べますか。	
2. 来年、日本に/へ 行く	
3. あたらしいデジカメを かう	
4. 父に ドレスデンを 見せる	
5. イギリスで べんきょうしました	
6. もう一度(ど) 聞(き)きました	
7. ともだちに 会(あ)いました	
8. ケータイは / を 使(つか)いません	
9. ドイツ語で 話(はな)しません	
10. 朝(あさ)はやく 起(お)きません	
11. 何も 言いませんでした	
12. 返事(へんじ)をしませんでした	
13. ぜんぜん 勉強(べんきょう)しませんでした	

Ändern Sie in die japanische Möchte-Form	
1. Ich wünsche mir ein neues Auto.	
2. Ich hätte gerne ein E-Wörterbuch.	
3. Ich wünsche mir lieber Geld!	
4. Ich wünsche mir nichts Süßes.	
5. So etwas wie dies wollte ich haben.	
6. So etwas wollte ich nicht haben.	
7. Ich wollte einen leichten Laptop kaufen.	
8. Ich möchte gerne Klavier lernen.	
9. O-sushi möchte ich gerne mal essen.	

Vokabeln:

デジカメ ― Digitalkamera
見せる ― zeigen
朝はやく ― frühmorgens, früh am Morgen
へんじ ― Antwort, Erwiderung
E-Wörterbuch ― でんしじしょ（電子辞書）

― 漢字 の 練習 **Kanjiübung** ―

I. つぎの 漢字は どう 読(よ)みますか。ひらがな で かいてください。
そして ドイツ語 に やくします。(かいてください ― Schreiben Sie bitte)

1. 今日は 私 の たんじょう日です。

2. ともだちが 明日 日本から 来る。

3. エルベ川に 行きましょう。

4. ドレスデンには 大きい / 大きな 森が あります。

5. 大学で 何を べんきょうしましたか。

6. アンネさんは、どう 思いますか。

7. 私は 毎日 ジョギングを します。

II. 漢字を 書(か)いてください。

1. バスの なかで いつも ほんを 読みます。

2. あの き の したで おべんとう を たべましょう。
おべんとう ― mitgebrachte Brotzeit / Lunch

3. せんせい と にほんごで 話しましょう。

4. すいようびに ともだち と ふたりで ベルリンへ / に
いきました。

(ともだち と ふたりで ― zu zweit (zusammen) mit einer Freundin / einem Freund)

病気（びょうき）になると － Wenn man krank wird

Aussehen

顔（かお）が あおい (blass) / まっさお (bleich) / あかい (rötlich)

あかい顔 をしている — Du hast ein rotes / fiebriges Gesicht.

顔色（かおいろ）が わるい — Du hast ein sehr blasses Gesicht.

Symptome

熱（ねつ）が 出（で）る/ ある / 高（たか）い — Fieber bekommen / haben; hohes Fieber

せきが 出る / ひどい — Husten haben; starken Husten haben

せきを する — husten

頭（あたま）、胃（い）、お腹（なか）が いたい — Kopf- / Magen- / Bauchschmerzen haben

吐き気 (はきけ) がする — Brechreiz haben

気分（きぶん）が わるい — Mir ist übel.

ふらふらする — schwindelig sein

(体（からだ） / 胃（い） / お腹（なか） の) 調子（ちょうし） がわるい — unwohl fühlen; übel am Magen / Bauch

下痢 (げり) をする — Durchfall haben

Krankheiten

風邪（かぜ） — Erkältung (erkälten – 風邪をひく)

インフルエンザ — Grippe

下痢（げり） — Durchfall

アレルギー — Allergie

花粉症（かふんしょう） — Heuschnupfen; Pollenallergie

Verletzung

けがをする — sich verletzen

やけどをする — sich verbrennen

Gegenmaßnahmen

(お) 医者（いしゃ）に行く、みてもらう — einen Arzt aufsuchen

病院（びょういん）に 行く — ins Krankenhaus gehen

薬屋（くすりや）に 行く — zur Apotheke gehen

薬（くすり）をのむ — Medikamente einnehmen

救急車 (きゅうきゅうしゃ) を 呼ぶ（よぶ） — einen Rettungswagen holen

Genesung

A が なおる / A を なおす — A heilt / A heilen, A kurieren

よくなる、元気 に なる — kuriert, geheilt, es geht wieder gut

Pausenhof Dank und Entschuldigung

Wir wissen schon längst 「（どうも）ありがとう！」, wie man sich im Japanischen bedankt.

ありがとう / ありがたい heißt „herzlichen Dank"; es ist abgeleitet vom ursprünglichen Sinn „es ist zu schön, um wahr zu sein" oder „ so etwas kann es kaum geben".

Im Japanischen gibt es noch weitere Ausdrücke für die Danksagung, die im Alltag nur allzu oft verwendet werden:

„すみません / すまない" bedeutet ursprünglich, „ es ist in meiner Seele noch nicht erledigt, meine Schuld ist noch nicht verbüßt." Dieser Ausdruck entspricht wörtlich dem deutschen „Verzeihung / es tut mir Leid". „Es tut mir Leid, dass Sie sich extra für mich so sehr angestrengt haben", und davon abgeleitet, „vielen Dank für Ihre Mühe".
Aber **„すみません"** wird andererseits auch wie „Sorry; Entschuldigung; es tut mir Leid" gebraucht, um sich zu entschuldigen, und zwar auffällig oft.

わるかったなぁ。 → Vergangenheitsform von わるい
わるい bedeutet schlimm; schlecht; böse
なぁ ist eine Schlusspartikel, die wie ein Ausrufzeichen wirkt.
Also: "Es war schlecht!"

Können Sie sich vorstellen, dass dieser Satz als „Dankeschön" gemeint und verwendet wird? In Deutschland ist es wohl unmöglich, sich bei jemandem mit „es war schlecht!" für etwas zu bedanken, nicht wahr?

„わるかったなぁ" heißt zwar wörtlich „es war schlecht!", aber der Ausdruck meint vielmehr „es war schlecht, dass Sie sich extra meinetwegen so große Mühe haben machen müssen", oder „ich bin Schuld an Ihrer großen Mühe".

Die obigen drei Möglichkeiten der Danksagung werden je nach der Situation subtil differenziert benutzt - sie alle entsprechen jedoch dem „Dankeschön" im Deutschen.

Was erwidert man darauf?
Das einfachste und allgemein gültigste Wort dafür ist いいえぇ (えぇ wird betont ausgesprochen), das in dem Deutschen "nein, nichts zu danken" entspricht.
Auch 「いいですよ；いいんですよ」 ist möglich; es bedeutet „schon gut".

Es ist kein Problem, wenn Sie bei すみません oder わるかったね nicht zwischen „Dankeschön" oder „Entschuldigung" unterscheiden können. Sie können in jedem Fall mit 「いいえぇ！」 antworten und haben damit die Situation gemeistert.

Ist das im Deutschen vorstellbar, dass man einfach nur mit „nein!" auf die „Entschuldigung" des Gegenübers antwortet?

第(だい) 9 課(か)

－ 風邪(かぜ)で 授業(じゅぎょう)を 休(やす)んだ。 －

Unterstrichene Wörter – Nominaladjektiv
Fettdruck – Präteritum des Verbs

（アンネさんの　日本語の　作文(さくぶん)）

先週(せんしゅう)　風邪(かぜ)で 授業を 休んだ。 頭(あたま) が ズキズキして、熱(ねつ)も だいぶ あった。

静(しず)かな 部屋(へや)に 一人(ひとり)で 寝(ね)ていると、何(なん)だか ドイツ へ 帰(かえ)りたくなった。

『日本語は　なかなか 上手(じょうず)にならない。 東京(とうきょう)の 街(まち) も きらいだ。

人が 多(おお)くて うるさくて、本当(ほんとう)に いやな 街だ。公園(こうえん) は きれいだけど、

ここ から 遠(とお)い。 日本の 学生は あまり 勉強(べんきょう) しない。なんだか 変(へん)だ。

でも、バイトとサークル活動(かつどう)には　熱心(ねっしん)で、いつも 忙(いそが)しそう。

日本では　私の 好きな こと が できない。好きな人 も できない。』

そんな ネガティヴ（ネガティブ）なこと ばかり 考(かんが)えてしまった。

きっと、病気(びょうき)でホームシック に なったんだ。

今は 元気(げんき) に なって、日本語の 勉強(べんきょう)が また 楽(たの)しくなった。

Kanji-Zeichen, die Sie schon lesen (und schreiben) können:

人 (ひと)　　一人 (ひとり)　　学生 (がくせい)　　好き (すき)　　今 (いま)

Kanji-Zeichen, die Sie in dieser Lektion lernen:

作文 (さくぶん)　　作る (つくる)　　文 (ぶん)　　文学 (ぶんがく)

上手 (じょうず)　　上 (うえ)　　手 (て)　　休む (やすむ)

– あたらしい 単語 –

1.	休んだ (やすんだ) ← 休む	(vt.) fehlen; sich ausruhen; nicht arbeiten
2.	作文 (さくぶん)	(Sub.) geschriebener Text: Aufsatz
3.	先週 (せんしゅう)	(Sub.) letzte Woche
4.	ズキズキする	stechende, pulsierende Schmerzen haben (lautmalerisches Verb)
5.	だいぶ	ziemlich; größtenteils
6.	静か (しずか)	**(Nadj.)** still; ruhig
7.	寝ている (ねている)	im Schlaf sein; das Bett hüten
8.	何だか (なんだか)	irgendwie
9.	帰る (かえる)	(vi. 5) nach Hause gehen; zurückkehren
10.	なかなか ... ない	lange nicht…; nur schwer…
11.	上手 (じょうず)	**(Nadj.)** sehr gut können; fähig sein
12.	きらい	**(Nadj.)** nicht mögen; hassen ↔ 好き
13.	多く (おおく) ← 多い	(Adv.) viel (Menge) – vom Adjektiv abgeleitet
14.	うるさく ← うるさい	(Adv.) lästig laut – vom Adjektiv abgeleitet
15.	いや	**(Nadj.)** abstoßend; Nein, ich will nicht!
16.	公園 (こうえん)	(Sub.) Park
17.	きれい	**(Nadj.)** hübsch
18.	... けど、	(Konj.) zwar ..., aber
19.	遠い (とおい)	(Adj.) weit entfernt; fern
20.	変 (へん)	**(Nadj.)** merkwürdig; komisch; unnormal
21.	バイト	(Sub.) Nebenjob, Teilzeitbeschäftigung
22.	サークル活動 (かつどう)	(Sub.) Clubaktivität
23.	熱心 (ねっしん)	**(Nadj.)** fleißig; eifrig
24.	忙しい (いそがしい)	(Adj.) beschäftigt, geschäftig
25.	そう	es sieht so aus (Adj. ohne Schlusssilbe い + そう)
26.	考える (かんがえる)	(vi. / vt.) überlegen; denken; nachdenken
27.	ホームシック	(Sub.) Heimweh

Nominaladjektiv - Zusatzvokabeln

1.	簡単 (かんたん)	einfach; nicht kompliziert
2.	親切 (しんせつ)	(nur für die Menschen) freundlich; nett; hilfsbereit
3.	フェア	fair
4.	すてき	wunderbar; schön; chic; beneidenswert
5.	駄目 (だめ)	nichts; untauglich; nicht erlaubt
6.	ていねい	sorgsam; höflich; mit Sorgfalt; herzlich
7.	テクニカル	technisch
8.	馬鹿 (ばか)	dumm; Dummkopf; Idiot
9.	不思議 (ふしぎ)	wundersam; rätselhaft; Wunder
10.	有名 (ゆうめい)	berühmt; bekannt

— 文法（ぶんぽう） Grammatik —

Themenübersicht

1. Nominaladjektiv I
2. そう als Nominaladjektiv II
3. Präteritum und Partizipform des Verbs, ・・た und ・・て

1. Nominaladjektiv I

1. Die japanische Sprache hat zwei verschiedene Wortarten, die ein Substantiv näher bestimmen: **1. Adjektiv** (siehe Lektion 3 in Teil 1)
   2. Nominaladjektiv

2. Die Benennung "**Nominaladjektiv**" wird gegenüber der geläufigen Bezeichnung na-Adjektiv bevorzugt, weil sich diese Wortart **erstens genau wie ein Nomen verhält und zweitens die Zusatzsilbe „な" bei der Anwendung als Bestimmungswort lediglich nur hinzugefügt wird (anders als beim Adjektiv, das beugt).**

3. **Adjektivische Fremdwörter** werden in Katakana geschrieben und gelten als **Nominaladjektiv** (siehe Anhang).

Vergleich von Adjektiv und Nominaladjektiv

I. Prädikative Anwendung:

	Adjektiv	Nominaladjektiv und Nomen
Grundform	たのしい	元気（げんき） (Nominaladjektiv) 学生（がくせい） (Nomen)
Positive Form	大学は　たのしい　(です)	カイは 元気 / 学生 (od. + だ / です)
Negative Form	大学は　たのしくない 大学は　たのしくないです	カイは 元気じゃ（oder では）ない (学生) カイは 元気じゃ（では）ありません（学生）
Präteritum	大学は　たのしかった(です)	カイは　元気 / 学生 でした
Präteritum-Negative Form	大学は　たのしくなかった (auch + です)	カイは 元気じゃなかった (学生) カイは　元気ではありませんでした（学生）

A は / が たのしい → A macht (mir) Spaß; ich habe Spaß daran / dabei.
元気 → fit; gesund; lebhaft; energisch; mit voller Lebenskraft; rüstig; agil

II. Attributive Anwendung:

	Adjektiv	Nominaladjektiv
Grundform	たのしい	元気（げんき）
	たのしいゼミ ein gutes Seminar	元気 な 子ども ein munteres Kind

ゼミ → Seminar
子ども → Kind / Kinder

Zum Vergleich: Bestimmung mit einem Nomen
学生 の ゼミ → ein Seminar, das die Studenten veranstalten, oder
ein Seminar für Studenten

III. Zusammensetzung von mehreren Eigenschaftswörtern – eine Möglichkeit

	Adjektiv	Nominaladjektiv
mit einem Eigenschaftswort	新(あたら)しいメンザ	きれいなメンザ
Adjektiv + *	大きくて 新(あたら)しいメンザ	大きくて きれいな メンザ
Nadj. + *	きれいで 新しいメンザ	静(しず)かで きれいな メンザ

メンザ – Mensa

Diese Kombinationsart gilt auch in der prädikativen Anwendung!
* → Es gibt auch eine andere Art der Zusammensetzung wie 大きい新しいメンザ oder 大きいきれいなメンザ. Zwischen den beiden Kombinationen gibt es inhaltlich kaum einen wesentlichen Unterschied. Sie erzeugen allerdings eine unterschiedliche Nuance.

IV. Adverbiale Anwendung:
Adjektiv und Nominaladjektiv können auch als Adverb funktionieren.

	Adjektiv	Nominaladjektiv und Nomen
Grundform	たのしい	元気 学生 (Nomen)
geänderte Form als Adverb	ゼミが たのしく なりました Das Seminar macht mir jetzt Spaß.	もう 元気 に なりましたか Geht es Ihnen wieder gut? やっと 学生 に なりました Endlich bin ich jetzt Student.

なります> なる (5stufig) – werden; es ergibt sich; resultieren (s. Lektion 8)
もう – schon; bereits
やっと – endlich

2. Nominaladjektiv II

1. Eine weitere Funktion von そう → Ausdruck eines subjektiven Eindrucks des Sprechers
es sieht so aus; es scheint; anscheinend; scheinbar

(Die erste Funktion von そう entspricht dem „so“ im Deutschen . Siehe Text der Lektion 2 von Teil I und S. 115 im Teil II)

Regel: A. Verb i-Basis + そう
B. Adjektiv **ohne Schlusssilbe** い+ そう
C. Nominaladjektiv + そう

Wortart	geforderte Form	そう	Beispiel	geformte Wortart
A. Verb	**i -Basis**	そう	雨がふりそう Es könnte regnen.	**Nominaladjektiv**
B. Adjektiv	**ohne** Endsilbe い	そう	おいしそう Es sieht lecker aus.	**Nominaladjektiv**
C. Nominaladjektiv	×	そう	元気そう Du siehst fit aus.	**Nominaladjektiv**

Anwendungen:

prädikativ	attributiv
雨がふりそう（ですね）。 Es könnte / dürfte / wird bald regnen.	雨がふりそうな 天気(てんき) ですね。 Es könnte gleich regnen, so sieht das Wetter aus.
わあ、おいしそう（ですね！） Es sieht ja lecker aus!	おいしそうな おすし ですね。 Es gibt ja O-sushi, die sehr lecker aussehen.
元気そう（ですね）。 Du siehst gesund / fit aus.	元気そうな かお ですね。 かお – Gesicht Dein Gesicht sieht fit aus.

2. Demonstratives そんな → ein räumliches oder emotionales Verhältnis zum Gesprächsgegenstand (siehe Lektion 1 von Teil I)

そんな → so ein(e/er/en), solch. **Nur attributive Anwendung möglich !**

	Verhältnis	**Beispiel**
こんな	auf Sprecher bezogen; bei mir	こんな 本 so ein Buch wie dieses
そんな	auf Hörer bezogen; bei dir	そんな かお ein solches Gesicht (von dir)
あんな	auf beide Beteiligte bezogen und **für beide erkennbar / bekannt**	あんな 所(ところ) ein solcher Ort (wie wir kennen)
どんな	Fragepronomen	どんな 人？ Was ist das für ein Mensch?

第（だい） 9 課（か）

－ **Nominaladjektiv** の 練習（れんしゅう）－

I. 次（つぎ）の単語（たんご）の意味（いみ）、分（わ）かりますか。Welche Bedeutung haben folgende Wörter? Sind sie Adjektiv oder Nominaladjektiv?

1. 忙しい（いそがしい）
2. きれい
3. やさしい
4. 有名（ゆうめい）
5. すてき
6. 親切（しんせつ）
7. 静か（しずか）
8. うるさい
9. フェア
10. インターナショナル

II. 文（ぶん）を作（つく）ってください。
Bilden Sie in der rechten Spalte attributive Sätze. Dabei verwenden Sie die vorhandenen Vokabeln in der linken Spalte.

prädikativ			attributiv		
イナさんは	静か（しずか）	ですね。	イナさんは	どんな人	ですか。
	いそがしい		イナさんは		ですよ。
	きれい				
	すてき				
	親切　しんせつ				
	うるさい				

ここは	うるさい	ですね	そこは	どんな 所（ところ）	ですか
	静か（しずか）		そこは		です
	すてき				
	インターナショナル				
	きれい				

III. 否定形（ひていけい）で 答（こた）えてください。Antworten Sie in der Negationsform.

1．あなたの 家（いえ） は ここから 遠（とお）いですか。
2．アンネさん は 日本語 が上手ですか。
3．学生 寮（りょう） は 静かですか。
4．その人 は きれい？
5．森川えみさん は 親（しん）切（せつ）な人ですか。
6．スポーツ は きらい？
7．東京 は いやな 街（まち）ですか。

IV. どう　変(か)わりますか。Wie ändert sich das Wort in den Klammern?

1. 部屋(へや)を　そうじしました。　　　　部屋(へや) - Zimmer
   部屋は（きれい →　　　　）なりました。
2. カーテンを 開(あ)けました。　　　　カーテン - Gardine / Vorhang
   部屋が（明(あか)るい →　　　　）なりました。
3. もうすぐ* テストですから、
   トーマスさんは（よい →　　　）勉強(べんきょう)します。
4. 寒(さむ)いですね。ヒーターを　もっと*（つよい →　　　）しましょう。
5. もう（おそい →　　　）なりました。タクシーで 帰(かえ)りましょう。
6. ヤンさんは 最近(さいきん)* 日本語がとても（上手(じょうず) →　　　）なりましたねえ。

* もうすぐ - bald　　* もっと - noch (mehr)　　* 最近(さいきん) - in letzter Zeit, vor kurzem, inzwischen

V. 次(つぎ)の例(れい)を見てください。そして日本語に訳(やく)して下さい。
Finden Sie in dem nächsten Beispiel eine Regel heraus und übersetzen nach der Regel die folgenden Sätze ins Japanische:

例(れい) Beispiel

私は 音楽(おんがく)が（とても）好きです。oder（大(だい)好き）です。
Ich mag / liebe Musik sehr.　　Ich höre / mache gerne Musik.

1. Meine Mutter hört gerne Mozart.
2. Ich mag Anna.
3. Herr Morikawa trinkt sehr gerne sächsischen Wein.
4. Essen Sie gerne Fisch?
5. Ich habe Dresden lieben gelernt.
6. Mein Vater sieht nicht gerne fern.
7. Welche Musik hören Sie gerne?

VI. あなたの部屋は　どんな部屋ですか。話してください。
Erzählen Sie unter Verwendung mehrerer Eigenschaftswörter, wie Ihr Zimmer aussieht.

3. Präteritum und Partizipform des Verbs, …た und …て

Rekapitulation

Wir haben bisher **folgende Vergangenheitsformen** kennen gelernt:

a. **Hilfsverb ま-Gruppe für Verben**

行く	→	行きます	→	行きました	←→	行きませんでした	hingehen
する	→	します	→	しました	←→	しませんでした	tun, machen
見る	→	見ます	→	見ました	←→	見ませんでした	sehen

b. **Hilfsverb で-Gruppe für alle Wortarten außer Verben**

どうですか → どうでしたか – wie war es?
元気です → 元気でした ←→ 元気じゃありませんでした
9時からです → 9時からでした – es war ab 9 Uhr

c. **Adjektiv**

いい → よかった （コンサートはどうでしたか。 よかったですよ。）
たのしい → たのしかった (Es war schön; es hat mir Spaß gemacht.)
おいしくない → おいしくなかった (Es hat mir nicht geschmeckt.)

Präteritum-Form des Verbs

a. Die Schlusssilbe des Präteritums ist た, die so genannte **た-Form**
b. Wird grundsätzlich mit der **i - Basis** + た gebildet
c. **Bei den 5stufigen Verben wird die i - Basis-Form modifiziert.**
Ausgenommen sind die Verben mit Endung す wie 話す.
Siehe nächste Seite !

Partizip-Form des Verbs

a. Schlusssilbe ist て, die so genannte **て-Form**
b. Genau wie im Präteritum **i -Basis** + て
c. Genau wie im Präteritum

Präteritum -Form des Hilfsverbs だ

だ → だった

Partizip -Form des Hilfsverbs だ

だ → で

Regeln zur Modifizierung der i-Basis für die て / た- Form

	Schema	Beispiel	Schema	Beispiel	Schema	Beispiel	Ausnahme
I	～ く		～ ぐ				
	書(か)く 1	聞(き)く 2	脱(ぬ)ぐ 7	急(いそ)ぐ 8			行(い)く 10
	↓	歩(ある)く 3	↓	泳(およ)ぐ 9			↓
	書 いた	着(つ)く 4	脱いだ				行った
	書 いて	置(お)く 5	脱いで				行って
		開(あ)く* 6					
II	～ う		～ る		～ つ		
	言(い)う 11	会(あ)う 12	帰(かえ)る 18	取(と)る 19	待(ま)つ 25	立(た)つ 26	
	↓	買(か)う 13	↓	ある 20	↓	勝(か)つ 27	
	言った	思(おも)う 14	帰った	終(お)わる 21	待った		
	言って	使(つか)う 15	帰って	座(すわ)る 22	待って		
		もらう 16		作(つく)る 23			
		習(なら)う 17		始(はじ)まる 24			
III	～ む		～ ぶ		～ ぬ		
	読(よ)む 28	住(す)む 29	とぶ 33	呼(よ)ぶ 34	死(し)ぬ 37		
	↓	飲(の)む 30	↓	遊(あそ)ぶ 35	↓		
	読んだ	休(やす)む 31	とんだ	選(えら)ぶ 35	死んだ		
	読んで	頼(たの)む 32	とんで		死んで		

Die Nummer der Verben entspricht der in der Vokabelliste auf der nächsten Seite.

す- Verben werden in der i-Basis nicht für die て/ た-Form modifiziert!

話(はな)す 38 → 話しました　　訳(やく)す 39 → 訳しました　　探(さが)す 40 → 探しました
話した　　訳した　　探した

* 開く（あく）vi. oder 開く（ひらく）vt. u. vi.

Vokabel der vorherigen Seite

I	1	書く	(かく)	vt.	schreiben
	2	を / に聞く	(きく)	vt.	(zu) hören; mit に→ fragen
	3	(を)歩く	(あるく)	vi./vt.	laufen /gehen; mit を→ herumlaufen (ortsbezogen)
	4	に 着く	(つく)	vi.	ankommen
	5	に 置く	(おく)	vt.	etwas auf ... stellen / legen
	6	が 開く	(あく)	vi.	sich öffnen
	7	を 脱ぐ	(ぬぐ)	vt.	etwas ausziehen
	8	急ぐ	(いそぐ)	vi.	sich beeilen
	9	泳ぐ	(およぐ)	vi.	schwimmen
	10	に / へ行く	(いく)	vi.	hingehen / fahren (fortbewegen)
II	11	言う	(いう)	vi./vt.	sagen
	12	に / と会う	(あう)	vi.	jn. treffen; mit と→ sich mit jm. treffen
	13	買う	(かう)	vt.	(ein) kaufen
	14	思う	(おもう)	vi./vt.	denken; glauben; meinen; schätzen; vermuten
	15	使う	(つかう)	vt.	benutzen; verwenden; gebrauchen
	16	もらう		vt.	bekommen; geschenkt bekommen
	17	習う	(ならう)	vt.	(bei jm.) etwas lernen
	18	に / へ 帰る	(かえる)	vi.	nach Hause gehen; zurückkehren; heimkehren
	19	取る	(とる)	vt.	etwas für sich nehmen; jm. etwas wegnehmen
	20	が ある		vi.	da sein; existieren; es gibt etwas
	21	終わる	(おわる)	vi./vt.	enden; beenden
	22	に 座る	(すわる)	vi.	sich hinsetzen
	23	作る	(つくる)	vt.	(alles Mögliche) produzieren; herstellen
	24	が 始まる	(はじまる)	vi.	beginnen
	25	を 待つ	(まつ)	vt.	auf jn. warten; erwarten; sich auf etwas freuen
	26	立つ	(たつ)	vi.	aufstehen
	27	に 勝つ	(かつ)	vi.	siegen; gewinnen; besiegen
III	28	読む	(よむ)	vt.	lesen; vorlesen
	29	に 住む	(すむ)	vi.	wohnen; leben
	30	飲む	(のむ)	vt.	trinken; (Medikament) einnehmen
	31	を 休む	(やすむ)	vt./vi.	fehlen; mit を→ etwas ausfallen lassen
	32	を .. に頼む	(たのむ)	vt.	jn. um etwas bitten
	33	飛ぶ	(とぶ)	vi.	fliegen
	34	を 呼ぶ	(よぶ)	vt.	jn. herrufen
	35	遊ぶ	(あそぶ)	vi.	spielen; (als Erwachsener) et. tun außer arbeiten
	36	を 選ぶ	(えらぶ)	vt.	wählen; auswählen
	37	死ぬ	(しぬ)	vi.	sterben
	38	話す	(はなす)	vt./vi.	sprechen; reden; sich unterhalten
	39	を に 訳す	(やくす)	vt.	übersetzen; übertragen
	40	を 探す	(さがす)	vt.	nach etwas suchen; suchen

第(だい) 9 課(か)

Aufgabe 1:

Den folgenden Ausspruch soll **Julius Cesar (シーザー)** nach seinem Sieg über Pharnakes II (47 v.Chr.) gemacht haben:

veni, vidi, vici – ich kam, ich sah, ich siegte

Wie hätte er als Japaner stolz mit diesen forschen Worten mit seinem Blitzsieg geprahlt? Versuchen Sie sich als japanischer Julius Cesar!

Selbst in einem Sprichwort wie diesem muss im Deutschen immer ein Subjekt gesagt werden. Im Japanischen ist es aber überflüssig!

Aufgabe 2:

Bilden Sie **Ihren eigenen originellen Ausspruch** mit drei Verben nach obigem Beispiel!

Negation der た/て-Form

	Präsens	Präteritum	Partizip
Grundform	読(よ)む u-Basis	読んだ * i-Basis + た	読んで * i-Basis + て
Grundform-Negation	読まない **a-Basis +** ない	読まなかった **a-Basis +** なかった	読まないで **a-Basis +** ないで

* modifiziert

Aufgabe 3:

Übung der Negation: Inhaltlich Gleiches kann unterschiedlich ausgedrückt werden:

思い出(だ)してね (Erinnere dich an mich!) ←→ 忘(わす)れないでね (Vergiss mich nicht!)

Sagen Sie Ihrem Tischnachbarn sinngemäß das Gleiche in der Negationsform
(nach dem obigen Beispiel):

1. ここに いて ね。 (Bleib hier!) ←→ (mit 行く)
2. おきていて ね。 (Bleib wach!) ←→ (mit ねる)
3. 先(さき)に 行って ね。 (Geh vor!) ←→ (mit まつ)
4. 授業(じゅぎょう)に 出(で)て ね。(Besuch den Unterricht!) ←→ (mit 休む)
5. まど、開(あ)けておいて* くださいね。(Lassen Sie das Fenster offen!) ←→ ?

* てーおく: Diese Zusammensetzung lernt man in Lektion 16.

第(だい) 9 課(か)

Zwei Anwendungen der て－Form

I. Bitte-Form im vertrauten Beziehungskreis

In der て**-Form** kann man einer sehr vertrauten Person oder Kindern gegenüber eine Bitte bzw. eine Aufforderung äußern.

1. アンネさん、ちょっと来て！ → Komm mal bitte kurz her, Anne!
2. ちょっと待(ま)って！ → Warte mal!
3. これ、見て！ → Guck mal! / Guck!

II. Mit der て**-Form** können zwei Handlungen bzw. Ereignisse ohne „und" in einem Satz gesagt werden. Dabei muss die **Reihenfolge der beiden Handlungen im Satz auch der realen zeitlichen Abfolge entsprechen**.

1. 私は 毎晩(ばん) 友達(だち) に メール を 書(か)きます。 私は それから 寝(ね)ます。
(Jeden Abend schreibe ich meinem Freund eine Mail. **Dann** gehe ich schlafen.)

→ 私は 毎晩 友達 に メール を 書いて（から） 寝ます。
(Ich schreibe jeden Abend meinem Freund eine Mail, bevor ich schlafen gehe.)

2. ペーターは 友達 に 電話(でんわ) を しました。そして ペーターは 友達 の 所(ところ) に 行きました。
(Peter hat seinen Freund angerufen. Danach ging er zu seinem Freund.)

→ ペーターは 友達 に 電話 を して 彼(かれ) の 所 に 行きました。
(Peter ging zu seinem Freund, nachdem er ihn angerufen hatte. / Peter rief seinen Freund an, bevor er zu ihm ging.)

Zum Vergleich:

私は コーヒー を 飲(の)みました。 ペーターは レモンティー を 飲みました。
→ 私は コーヒー を 飲んで、ペーターは レモンティー を 飲みました。

3. Mit der て-Form kann man eine Ursache, einen Grund oder eine Begründung ausdrücken. Aber beachten Sie die reale und grammatische Reihenfolge!

遅(おそ)くなりました。 すみません。 遅くなる→ Verspätung haben
(Ich kam zu spät. Entschuldigung!)

→ 遅くなって、すみません。
(Entschuldigen Sie die Verspätung!)

大雪(おおゆき) が 降(ふ)りました。仕事(しごと) に 行きませんでした。 大雪が降る→ es schneit viel
(Es hat viel geschneit. Deswegen ging ich nicht zur Arbeit. / Deswegen fehlte ich auf der Arbeit.)

→ 大雪(おおゆき) が 降(ふ)って、仕事 に 行きませんでした。
(Wegen des extremen Schneefalls ging ich nicht zur Arbeit.)

第(だい) 9 課(か)

Alltägliche Redewendungen in der て/た Form

（て/た Form の 役(やく) に 立(た)つ 言い回(まわ)し） 役に立つ − nützlich

1.	(ああ)、お腹(なか)が すいた！	Ich hab Hunger!
2.	(ああ), のど が かわいた!	Ich hab Durst!
3.	(ああ), 疲(つか)れた！	Ich bin müde! / erschöpft!
4.	お腹が 一杯(いっぱい)に なった！	Ich bin total satt.
5.	できた？ / できた！	Fertig? / Geschafft! Erledigt! Fertig!
6.	分(わ)かった？ / 分かった！	Kapiert? Verstanden? / Kapiert! Einverstanden!
7.	しまった！	Mist! (viel feiner als das deutsche Wort)
8.	やった!!	Juhu! Gewonnen! Geschafft! Super!
9.	(ああ), びっくりした！	Ach, bin erschrocken; überrascht!
10.	ちょうど よかった	Es passt perfekt. Gerade im richtigen Moment!
11.	あ、違(ちが)った / 間違(まちが)った！	Ach, falsch! Ach, falsch gemacht!
12.	遅(おそ)かった、ね。	Bist du verhindert worden? (zeitlich)
13.	A、楽(たの)しんだ？ 楽しかった？	Hast Du A genossen? Hast du Spaß gehabt?
14.	よかった（ね）！	Schön war's! Ich freu mich für Dich; Gott sei dank
15.	(ああ)、安心(あんしん)した！	Gut, ich bin beruhigt; erleichtert!
16.	(ああ)、間(ま)に合(あ)った！	Geschafft! (zeitlich)
17.	もう あきた、 あきあきした	Ich hab die Nase voll.
18.	だめだった	Nicht gelungen! Keinen Erfolg! Nicht geschafft.
19.	(これ / かれ)、知(し)ってる？	Weißt / kennst Du das / ihn?
20.	うん、<u>知ってる</u> / いや, <u>知らない</u>	Ich kenne / weiß das. / Nicht, dass ich wüsste.
21.	分(わ)かってる よ	Ich weiß es schon!
22.	忘(わす)れた	Habe vergessen. Schon vergessen.
23.	忘れてた / 忘れてない	Hatte vergessen. / Ich habe es nicht vergessen
24.	何 してた？	Womit warst du gerade beschäftigt?
25.	A, 持(も)ってる？	Hast du A (bei dir)? (als Besitz)
26.	楽(たの)しみにしてる	Ich freue mich darauf.
27.	どうしたの？	Was ist mit dir los? Was fehlt? Was ist passiert?
28.	どうしたんですか？	Wie oben, nur höflicher.

Pausenhof — Schlusspartikeln ね und よ als Kommunikationshelfer

Wiederholung der Seite 57 aus Teil 1

よかった。 → Dies ist zwar einfach nur die Vergangenheitsform des Adjektivs, gleichzeitig aber grammatisch ein **vollwertiger Satz.**

よかった ← よい / いい: es war gut / schön / richtig / toll

よかった kann daher ohne Bedenken benutzt werden, klingt jedoch wie ein Monolog und daher tendenziell etwas anteillos, auch wenn der Gesprächspartner durch Tonfall oder Mimik Nichtausgesprochenes versteht.

Für eine authentische Kommunikation mit anderen spielen alle Schlusspartikeln allerdings eine unverzichtbare Rolle.

Beispiele

ああ、よかった！ - Ah, Gott sei dank! Es war schön / gut!

よかったね！
- (Ach, schön) ich freue mich (für dich) mit!
- Gut gegangen (für uns), nicht?!
- Ich gratuliere!
- Herzliche Glückwünsche!
- Schön / erfreulich für dich!
- Gut gemacht!

ね bringt also dem Gesprächspartner gegenüber Anteilnahme oder ein Solidaritätsgefühl des Sprechers zum Ausdruck. Außerdem ermöglicht es inhaltliche Variationen.

ね ist eine „**Solidaritätspartikel**“.

よかったよ！ → anders als ね bekräftigt よ eine Meinung oder ein mitteilungsbedürftiges Gefühl des Sprechers.
よ kann mit „Ich sage dir! / Weißt du? /You know?“ u.a. verglichen werden.

よ ist also eine „Weißt-Du-Partikel“ .

Die Funktion von ね und よ ist für alle Satztypen gültig!

どうし の 変化 の 練習 - Flexionsübung der Verben -

1 - einstufiges Verb

Präsens	Präs. Neg.	Präteritum	Prät. Neg.	Partizip	Par. Neg.
する					
来る					
行く					
会う					
住む					
訳す					
終わる					
使う					
書く					
寝る 1					
帰る					
起きる 1					
泳ぐ					
休む					
買う					
閉める 1					
思う					
作る					
飲む					
答える 1					
入る					
言う					
待つ					
遊ぶ					
始める 1					
いる 1					
歩く					
出す					

第(だい) 9 課(か)

― 練習 1　て- / た- Form ―

I. Sagen Sie die Grundform aus der folgenden て - / た - Form.

1. ちょっと、来て！ -
   (Komm mal kurz her, bitte!)
2. 窓(まど)を 全部(ぜんぶ) 開(あ)けて！ -
   (Mach bitte alle Fenster auf!)
3. この新聞(しんぶん)、もう読んだの？ -
   (Hast du diese Zeitung schon gelesen?)
4. 水曜日(ようび)の授業(じゅぎょう)は どうだった？ -
   (Wie war der Unterricht am Mittwoch?)
5. パーティは なかったよ。 -
   (Die Party hat nicht stattgefunden.)
6. くわしく話して！ -
   (Erzähl mal ausführlich darüber!)
7. それ、ドイツ語に訳(やく)して！ -
   (Übersetz das mal ins Deutsche!)
8. さあ、乗(の)って！ -
   (Na, bitte, steig mal ein!)
9. レポート、出さなかった。 -
   (Ich habe schließlich den Bericht nicht abgegeben.)
10. さあ、食べて、食べて！ -
    (Iss mal, na, greif zu!)

II. Sie sprechen jetzt mit Ihren Freunden. Bitten Sie eine/n von ihnen um etwas. Wählen Sie dazu ein passendes Verb aus der unten stehenden Aufreihung.

1. もう一度 （　　　　）！ - Schreib mir das noch einmal!
2. よく（　　　　）！ - Hör mal gut zu!
3. ゆっくり（　　　　）！ - Sprich bitte mal langsamer!
4. そんなこと、だれにも（　　　　）ね！ - Bitte sag das niemandem weiter!
5. どうぞ（　　　　）！ - Setz dich mal bitte!
6. ネットで（　　　　）よ！ - Such es dir selber im Internet!
7. これ、（　　　　）ね！ - Schau dir das bitte nicht an!
8. それ、ここに （　　　　）！ - Stelle es bitte hier hin!
9. あなたの住所(じゅうしょ) （　　　　）！ - Darf ich deine Adresse haben?
10. それ、ちょっと（　　　　）！ - Kannst du mir das bitte holen / geben?

言う、食べる、おく、見せる、取(と)る、書く、教(おし)える、飲(の)む、見る、作る、聞く、立つ、来る
探(さが)す、調(しら)べる、始(はじ)める、開ける、話す、入る、見つける、持(も)つ、座(すわ)る、会う、帰(かえ)る、行く

― 練習 2 Satzbildung mit der て- Form ―

I. Setzen Sie die folgenden zwei Sätze mit て- Form zu einem Satz zusammen. Beachten Sie dabei die zeitliche Abfolge der Handlungen.

1. お金を入れます。ボタンを押します。
2. 図書館に行きます。勉強します。
3. 家に帰ります。寝ました。
4. 毎朝 6 時に起きます。まずお茶を飲みます。
5. 電子辞書は高かった。買いません。
6. テストはとても簡単でした。すぐできました。

II. Übersetzen Sie ins Japanische:

1. Ich ging in den Park und fuhr mit meinen Skates.
2. Ich schreibe jeden Abend Mails, bevor ich schlafen gehe.
3. Entschuldigen Sie bitte die Verspätung! (おそくなる)
4. Ich freue mich darüber, dass es meiner Mutter jetzt besser geht. (元気になる)

III. Füllen Sie die Lücken mit der て- Form sinnvoll aus.

1. みなさん、宿題を（　　　　）来ましたか？
2. （僕は）毎日友だちにメールを（　　　　）ねます。
3. 久しぶりに友だちと（　　　　）楽しかった。
4. （　　　　）大学に行く。
5. テストが（　　　　）うれしい。
6. （　　　　）すみません！

IV. Wie würden Sie folgende Situationen auf Japanisch ausdrücken?

1. Sie sind froh darüber, dass Ihr Vater wieder gesund geworden ist.
2. Sie möchten wissen, ob der Besucher schon Mittag gegessen hat (und danach zu Ihnen gekommen ist).
3. Sie sagen Ihrer Freundin aus Japan, dass Sie sich über das Treffen nach langer Zeit sehr gefreut haben.

− 漢字 の 練習 Kanjiübung −

I. 下線の部分を 漢字 で 書いて ください。そして ドイツ語 に 訳 して下さい。
Schreiben Sie die unterstrichenen Stellen in Kanji und übersetzten Sie ins Deutsche.

1. いま とても すきな ひとが います。
2. 昨日 じゅぎょうを やすんだ。
3. きのう ひとりで ホームページを つくった。
4. にほんご の クラス に なんにん がくせいが いますか。
5. アンネさんは にほんご が じょうず ですね。
6. まいにち がくせい 食堂 で たべる。
7. ドイツぶんがくが すきだ。

II. 読んで、ドイツ語 に 訳してください。**Lesen und übersetzen Sie den Text.**

毎日 お天気 が とても いい。今日 は 大学 が 休みだ。友だちと 二人で

自転車 で エルベ川 に 行って、それから 少し 歩 いた。友だち と 話しながら

ゆっくり 歩 い た。エルベ川 の 道 は 人 が とても 多かった。その 時

友だち は 来年 の 三月 に 日本 へ 行くと、言った。 ぼくは 少し

うらやましく なった。

道（みち） − Weg
うらやましい (Adj.) − neidisch

第（だい） 10 課（か）

― アンネさんは　今、ホームステイを　しています。―

アンネ・ヴェーバー：ドイツ人、慶応の交換留学生
森川　光（ひかる）：森川　国夫（くにお）の　弟（おとうと）、４５才（さい）、トヨタの会社員（かいしゃいん）
森川　めぐみ：光の妻（つま）、幼稚園（ようちえん）の先生
森川　光一（こういち）：17才、高校（こうこう）　2年生（ねんせい）
森川　りえ子（こ）：14才、中学（ちゅうがく）2年生（ねんせい）

今日は 12月31日。大晦日（おおみそか）です。アンネさんは 12月27日から森川さんの所（ところ）で　ホームステイをしています。主人（しゅじん）の　光（ひかる）さんは、森川 国夫（くにお）さんの弟（おとうと）です。弟さんの一家（いっか）は名古屋（なごや）の　近（ちか）くに住（す）んでいます。五年前（まえ）からここに住んでいます。光さんはトヨタで　働（はたら）いています。めぐみさんは幼稚園（ようちえん）の先生をしています。二人の子どもは　近（ちか）くの学校（がっこう）に通（かよ）っています。

めぐみさんは　台所（だいどころ）で　料理（りょうり）をしています。光一君（こういちくん）は　自分（じぶん）の　部屋（へや）をそうじしています。アンネさんとりえ子さんは　食堂（しょくどう）でしゃべっています。光（ひかる）さんは居間（いま）のこたつに座（すわ）って　新聞（しんぶん）を読（よ）んでいます。

めぐみ：　りえちゃん、アンネさん、ちょっと　キッチンに来て！
りえ子さん、アンネさん：　はあーい！
めぐみ：　りえちゃんはこの年越（としこ）しそばを、テーブルに　運（はこ）んでちょうだい。
　　アンネさんは　光一（こういち）を　呼（よ）んで来てください。
　　りえ、お父さんは何をしてるの？
りえ子：　お父さんは、こたつに座（すわ）り込（こ）んで　新聞（しんぶん）　読（よ）んでる。
めぐみ：　あなた！　あなたもちょっと手伝（てつだ）ってください！
光（ひかる）：　ちょっと待（ま）って！　この記事（きじ）を読んだら　手伝うから。

Fettdruck:	Verlaufs- oder Zustandsform
Unterstreichung:	Andere Anwendungen der て-/ た-Form

― あたらしい　たんご ―

1. 弟（おとうと） (Sub.) jüngerer Bruder
2. 会社員（かいしゃいん） (Sub.) Firmenangestellte/er
3. 妻（つま） (Sub.) (eigene) Ehefrau
4. 幼稚園（ようちえん） (Sub.) Kindergarten
5. 高校（こうこう） (Sub.) abgekürzte Form von High School
6. 二年生（にねんせい） (Sub.) zweiter Jahrgang im Erziehungswesen
7. 中学（ちゅうがく） (Sub.) abgekürzte Form der Mittelschule
8. 大晦日（おおみそか） (Sub.) der letzte Tag des Dezembers, Silvester
9. 主人（しゅじん） (Sub.) Hausherr
10. 一家（いっか） (Sub.) Bezeichnung für alle Familienmitglieder
11. 近く（ちかく） (Sub.) Nähe
12. 住んでいます ← 住む（すむ） (vi.) wohnen; leben　A　に　住む
13. 働いています ← 働く（はたらく） (vi.) arbeiten　A　で　働く
14. 学校（がっこう） (Sub.) Schule
15. 通っています ← 通う（かよう） (vi.) regelmäßig in die Schule/Arbeit gehen
16. 台所（だいどころ） (Sub.) Küche
17. 自分（じぶん） (Sub.) das Selbst　自分の → eigen
18. 部屋（へや） (Sub.) Zimmer
19. しゃべっています ← しゃべる (vi. u.vt) plaudern; schwatzen
20. 居間（いま） (Sub.) Wohnzimmer
21. こたつ (Sub.) traditioneller Heizungstisch
22. 座って ← 座る（すわる） (vi.) sitzen　座り込む　－ festsitzen
23. 年越しそば（としこしそば） (Sub.) Buchweizennudeln, die zu Silvester gegessen werden
24. 運んでちょうだい ← 運ぶ（はこぶ） (vt.) bringen, tragen, schaffen
25. ちょうだい　eigentlich Kindersprache von „bitte gib es mir“
26. 呼んで ← 呼ぶ（よぶ） (vt.) herrufen, zurufen
27. 手伝ってください ← 手伝う（てつだう） (vt.) mithelfen; hilf mir mit!
28. 待って ← 待つ（まつ） (vt.) warten
29. 記事（きじ） (Sub.) sachlicher Artikel in der Zeitung / Zeitschrift

こたつ

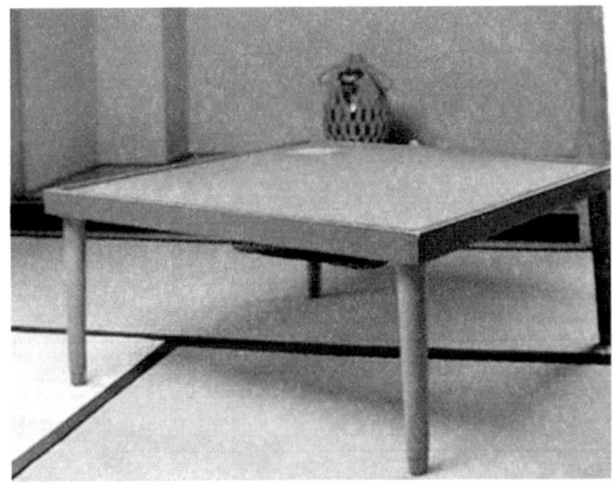

－ 文法 (ぶんぽう) Grammatik －

Themenübersicht

1. Zusammensetzung der て-Form mit dem Ergänzungsprädikat
2. Nebensatz mit der た-Form ＋ ら、mit der て-Form＋ も

1. Zusammensetzung der て-Form mit dem Ergänzungsprädikat

Die Partizip て-Form wird nicht nur als solche angewendet, sondern auch sehr häufig mit dem bestimmten Ergänzungsprädikat zusammengesetzt. Dadurch werden unter anderem der Modus Imperativ, der Aspekt (Verlauf), die Modalität oder das Zustandspassiv dargestellt. Im Text der Lektion 10 drücken die meisten Zusammensetzungen der て-Form hauptsächlich den japanischen Aspekt (**Verlaufsform/Zustandsform**) aus. Wir lernen hier aber auch noch andere Ergänzungsprädikate mit der て-Form, wie die folgenden:

	て-Form ＋**Ergänzungsprädikat**	Funktion / Bedeutung
1	〜て＋いる	**Verlaufsform / Zustandsform**
2	〜て＋下(くだ)さい	höfliche Aufforderung
	〜ないで＋下さい	höfliche Aufforderung, etwas nicht zu tun
3	〜て ＋もいい（です）	dürfen
	〜なくて ＋もいい(です) (ないでもいい)	nicht müssen; nicht zu tun brauchen
4	〜て＋来る	- etwas tun (und dann zurückkommen) - etwas kommt in einer bestimmten Art heran
5	〜て＋見る	etwas tun und "mal" sehen = versuchen, etwas zu tun, oder einfach „mal, einmal"

ぼくの　ホームステイ

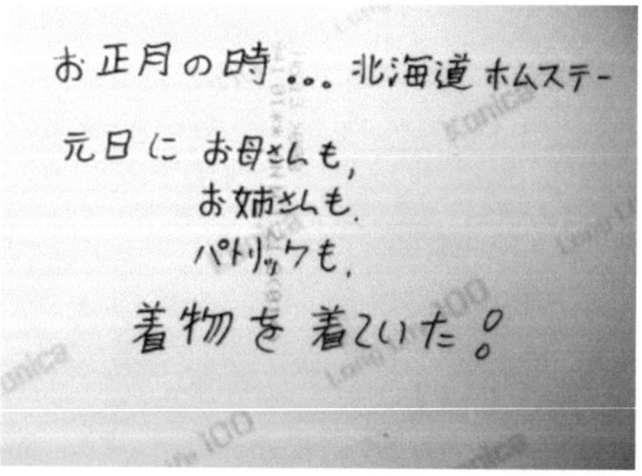

第（だい） 10 課（か）

Aspekt → Verlauf / Andauer → て- Form + いる

Vergleichen Sie die folgenden Zeichnungen und beachten Sie dabei die Formen des Verbs und der Substantive für die Zeitangabe.

I. Zeitpunkt

この 間（あいだ） いつか 先週（せんしゅう） 1 週間前（しゅうかんまえ）(に) 2 月 15 日に	今朝（けさ） 昨日（きのう）	今 (から)	明日（あした） 来月 五月に	いつか
↓	↓	↓	↓	↓
読（よ）みました 読んだ	読みました 読んだ	読みます 読む	読みます 読む	読みます 読む

この間 — vor kurzem

II. Verlauf, Andauer, Zustand

この 間（あいだ） から 先週 から 1 週間前 から 10 月 から	今朝（けさ） から 昨日 から	今
↓→→→	↓→→→ →→	↓→→→
読んで(い)ます 読んで(い)る	読んで(い)ます 読んで(い)る	読んで(い)ます 読んで(い)る

III. Vergangenheit von Verlauf / Zustand

(昨日から) beliebig	今朝まで beliebig	今 まで beliebig	今
	→→→↓	→→→↓	↓
	読んで(い)ました 読んで(い)た	読んで(い)ました 読んで(い)た	読んで(い)ます 読んで(い)る

第(だい) 10 課(か)

－ Verlaufsform (Verlauf / Fortdauer einer Handlung) の れんしゅう －

写真(しゃしん)を 見て、例(れい)のように 練習してください。　写真 － Photo

目標(もくひょう)は 文 を 読まない で 話すことです。　目標 － Ziel

例： 読む / 新聞(しんぶん) / めがねをかける

1. Kernsatz
   おばあさんが　読んでいます。
2. Ergänzung
   おばあさん が 新聞(しんぶん)を 読んでいます。
3. weitere Ergänzung
   おばあさん が めがね を かけて 新聞を 読んでいます。

1.

女の子 / すわる

2.

学生 / 勉強(べんきょう)する / 熱心(ねっしん)に

3.

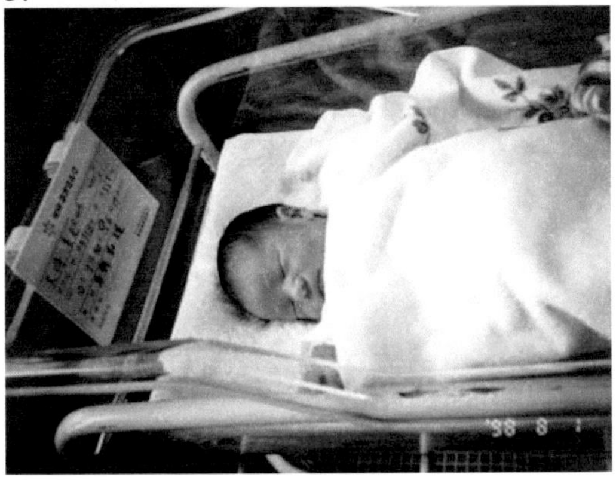

赤(あか)ちゃん / 寝(ね)る / スヤスヤ

4.

子ども / 泳(およ)ぐ

5.

おばあさん / ゴルフ を する

6.

女の子 / 自転車(じてんしゃ) に 乗(の)る

7.

日本人 / 歩(ある)く

8.

子ども が 三人 / 食べる

－ Zustandsausdruck の 練習 －

Kleidungsstücke werden immer mit einem bestimmten Verb verwendet:

Kleid, Oberbekleidung	着(き)る	vt.
Beinbekleidung	はく	vt.
Kopfbedeckung	かぶる	vt.
Brille	かける	vt.
Uhr, Schmuck	する	vt.

Beschreiben sie jedes Bild mit einem passenden Verb.

1.

くつ

2.

みんな / ぼうし

3.

へんなサングラス

4.

大きいとけい

5.

きもの

6.

くろいパンツ

第(だい) 10 課(か)

— ・・・ている の 練習 —

I. Lesen Sie die folgenden Sätze und sagen Sie, was man gerade macht, oder was jetzt läuft, oder in welchem Zustand man sich befindet.

1. 母 は、今、メール を 書いて(い)ます。
2. 今、どんな本 を 読んで (い)ますか。
3. おじいちゃん は、朝 から テレビ を 見て(い)ます。
4. 5 月から ピアノを 習(なら)って(い)ます。
5. 雨 が　ふって(い)ますよ。
6. 先生 は、今 授業を して(い)ます。
7. アンネさん は　日本に 行って(い)ます。
8. きれいな セーターを 着て(い)ます。
9. 先生 は　めがねを かけて(い)ます。
10. スニーカー を はいて(い)ます。

(い) darf weg gelassen werden. Dieses hört man nicht mehr oft im Alltagsgespräch.

II. Ausdrücke, die immer in der Verlaufsform verwendet werden. Übersetzen Sie ins Deutsche:

1. 父は　ハンブルクに住んで(い)ます。 (wohnhaft)
2. 電子辞書(でんしじしょ)、持って(い)る？ (bei sich haben; als Besitz)
3. プリンストン大学で 勉強して(い)ます。 (studieren)
4. これ、知(し)って(い)る？ (wissen; kennen)
5. マルコが 日本に 行くの、知って(い)ますか。 (wissen; kennen)
6. 彼は、結婚(けっこん)して(い)ますか。 (verheiratet sein)
7. じゃあ、楽しみに 待(ま)って(い)ますね。 (sich darauf freuen, mit Vorfreude warten)
8. 楽しみに して(い)ます。 (sich darauf freuen)
9. この言葉、　憶(おぼ)えて(い)ますか。 (etwas im Gedächtnis behalten; sich erinnern)
10. 忘(わす)れて(い)ないよ。 (noch nicht vergessen)
11. 部屋(へや) が 汚(よご)れて(い)る。 (schmutzig sein)
12. 手 が ぬれて(い)る。 (nass sein)
13. 空気(くうき) が かわいて(い)る。 (trocken sein)

第(だい) 10 課(か)

― Zusammensetzung und Anwendung der て- Form mit 来る ―

Die Kombination て- Form mit 来る drückt je nach Perspektive des Sprechers zwei Bereiche unterteilt:

1. Der Sprecher kündigt an, dass er geht, um etwas zu tun, und danach <u>zurückkommen</u> wird.
(„zurückkommen“ wird aber im Deutschen natürlich nicht erwähnt.)

ア. ちょっと　コピー(を)　して来ます。 (Ich gehe kurz kopieren.)

イ. ちょっとコーヒーを　飲(の)んで来ます。 (Ich gehe kurz Kaffee trinken.)

ウ. ２週間(しゅうかん)ほど日本へ行って来ます。 (Ich fahre für knapp 2 Wochen nach Japan.)

エ. 街(まち)　へ　買物(かいもの)に　行って来ます。 (Ich gehe in die Stadt zum Einkaufen.)

Wie würden Sie folgende Situationen auf Japanisch zum Ausdruck bringen?

a. Sie gehen kurz telefonieren (und kommen danach natürlich zurück).

b. Sie gehen, um jemanden etwas zu fragen (und kommen danach wieder zurück).
jemand – だれか

c. Sie gehen, um mit Ines zu sprechen.

d. Sie gehen kurz etwas trinken. (irgend) etwas – 何か

2. Jemand/Etwas kommt / rückt in einer bestimmten Art auf den Sprecher **zu / her**.

ア. 友達(だち)がマイセンから　<u>歩(ある)いて</u>　来た。(Mein Freund kam <u>zu Fuß</u> aus Meißen.)

イ. 寒(さむ)くなって来ましたね。 (Es ist kälter geworden.)

ウ. 友達が日本から帰(かえ)って来ました。(Meine Freundin kam aus Japan zurück.)

エ. 先生が　教室(きょうしつ)に　入(はい)って来た。 (Der Lehrer kam in den Unterrichtsraum herein.)

Wie würden Sie folgende Sätze auf Japanisch sagen?

a. Anne ist ins Zimmer <u>herein</u> gekommen/getreten.

b. Meine Mutter kam gestern aus Berlin zurück.

c. Der Tag ist länger geworden. Tag - 日(ひ) lang – 長(なが)い **Ohne Komparativ!**

d. Anne kommt die Treppen <u>herunter</u>. Treppen runter – 階段(かいだん)を　下(お)りる（1）

e. Ich bin <u>in Eile</u> gekommen. in Eile - 急(いそ)ぐ (vi)

f. Langsam ist mir Japanisch (zu) schwierig(er) geworden. **Ohne Komparativ!**

langsam – だんだん、そろそろ

第(だい) 10 課(か)

― 練習 1 ―

Verschiedene Anwendungen der zusammengesetzten て- Form

I. ドイツ語 で 何ですか。

1. もう一度 言ってください。
2. 日本では、一番(ばん) 新(あたら)しい 新幹線(しんかんせん) に 乗(の)って みましたか。
3. このパンフレット、もらってもいいですか。
4. ソファは、テレビの前 に おいてください。
5. この 練習 は　しなくてもいいですよ。
6. これを コピーして来てください。
7. このアルバム、見てもいいですか。
8. ここに自転車 を 止(と)めないでください。
9. 日本人 が 教室(きょうしつ) に 入って来た。
10. よく聞いて、日本語 に 訳(やく) してみてください。

II. Was kommt am Satzende? Wählen Sie von den folgenden Ergänzungen eine passende aus:

・・て下さい、・・ないで下さい、・・てもいい、・・なくてもいい、・・て来る、・・てみる

1. 日本 の 着物(きもの) を 着(き)（て　　　　　　　　）。 (mal versuchen)
2. それは、つくえ の 上 に おい（て　　　　　　　　）。 (Aufforderung)
3. メンザ で おひる を 食べ（て　　　　　　）。
4. じしょを 使っ（て　　　　　　　　）？ (dürfen)
5. 明日 までに この 宿題(しゅくだい) を し（て　　　　　　　　）。
6. このＤＶＤ　かり（て　　　　　　　　）？ (dürfen)
7. この ページ は コピーしな（　　　　　　　　よ）。 (nicht müssen)
8. このＣＤ、聞いて み（て　　　　　　　　）？ (mal dürfen)
9. 日本語 が おもしろく なっ（て　　　　　　）。
10. 母 は きのうイギリス から 帰(かえ)っ（て　　　　　　　　）。

－ て－Form の 練習 2 －

Übungen für die Zusammensetzung mit der て－Form

I. **Bitten Sie höflich darum, folgendes zu tun**:

a. diese Seite dreimal zu kopieren
b. (dies) ins Deutsche zu übersetzen
c. gut zuzuhören
d. mit Kanji-Zeichen zu schreiben
e. den Tisch ans Fenster zu stellen
f. das Photo zu zeigen

II. **Bitten Sie höflich darum,**

a. nicht in das Zimmer einzutreten (eintreten - ・・に 入（はい）る)
b. das Auto hier nicht zu parken (halten) (etwas an/halten - ・・を止（と）める)
c. im Unterricht nichts zu essen
d. nicht ins Heft zu sehen
e. in der nächsten Woche keinen Test zu machen
f. nicht hier das Handy zu benutzen

III. **Fragen Sie, ob Sie Folgendes tun dürfen:**

a. ob Sie diese DVD ausleihen dürfen
b. ob Sie auf Englisch sprechen können/dürfen
c. ob Sie heute Abend gegen 20 Uhr anrufen können/dürfen
d. ob auch Anna (mit)kommen darf
e. ob Sie das Fenster aufmachen dürfen
f. ob Sie Ihre Hausaufgabe erst in der nächsten Woche abgeben dürfen

IV. **Sagen Sie Ihrem Ansprechpartner, dass er es nicht tun muss**:

a. diese Seite lesen
b. diese Übung machen
c. alles aufessen
d. sich zu beeilen
e. jeden Tag zu kommen
f. auf Sie zu warten

2. Nebensatz mit der た-Form + ら und mit der て-Form + も

	Form	Funktion
I	**Verb** た ＋ ら **Adjektiv** た ＋ ら **Sub. u. Nadj.** ＋ だったら	1. Futur des Perfekts 2. Konjunktiv II; Konditional (wenn / falls … , dann …)
II	**Verb** て ＋ も **Adjektiv** て ＋ も **Sub. u. Nadj.** ＋でも	1. Konjunktiv (selbst wenn ; auch wenn; wenn <wie / was / wann / wo> auch immer)

Mit den obigen Formen werden verschiedene konditionelle Bedingungen ausgedrückt.

Beispiele für die Form I

1. 明日　雨が　ふったら、ピクニックはしない。 (Verb)
   Wenn es morgen regnet/regnen sollte, dann werde ich kein Picknick machen /mache ich kein Picknick.
2. 日本から友達（ともだち）が来たら、いっしょにプラハに行く。 (Verb)
   Wenn mein Freund aus Japan gekommen ist, werden wir zusammen nach Prag fahren.
3. しゅくだいをしたら、テレビを見る (Verb)
   Wenn ich meine Hausaufgabe erledigt habe, dann will ich fernsehen.
4. そう　なったら、いいね。 (Verb)
   Es wäre schön, wenn es so würde / das wünsche ich uns / darauf hoffe ich.
5. (もし、) 安（やす）かったら、買（か）いたい (Adjektiv)
   Ich möchte/würde mir das kaufen, wenn es preisgünstig wäre.
6. (もし、) よかったら、どうぞ。 (Adjektiv)
   Bitte schön, wenn Sie möchten.
7. ひまだったら、来て。 (Nominaladjektiv)
   Du kannst gerne kommen / komm mal, wenn du Zeit / Muse hast.

Beispiele für die Form II

1. 明日　雨がふっても　ピクニックをするよ。 (Verb)
   Ich werde Picknick machen, auch wenn es regnet.
2. いくら言っても、だめ! (Verb)
   Es geht / hilft / bringt nichts, auch wenn du noch so oft bittest / sagst!
3. いくら説明（せつめい）しても　彼（かれ）は分からなかった。 (Verb)
   Er hat es nicht verstanden, auch wenn ich es ihm so oft erklärt habe.
4. (そんな　カメラ)…安（やす）くても　買わないよ。 (Adjektiv)
   Ich würde mir so eine Kamera keinesfalls kaufen, wie billig sie auch sein mag.
5. (どんなに) むずかしくても、やってみる。 やる ＝ legere Form von する
   Ich will es versuchen, wie schwer es auch sein mag. (Adjektiv)
6. びょうきでも　じゅぎょうに出る。 (Substantiv)
   Ich gehe zum Unterricht, auch wenn ich krank bin.

第(だい) 10 課(か)

― 漢字 ―

I. Üben Sie mit folgenden Kanji-Zeichen der Lektion 10:

1. 住(す)んでいます → 住む
2. 五年前(ごねんまえ) → 前
3. 学校(がっこう) → 学校
4. 高校(こうこう) → 高校 （高い ― たかい: hoch; teuer）
5. 手伝(てつだ)ってください → 手伝う
6. 待(ま)って → 待つ

II. Lesen Sie die folgenden Wörter bzw. Sätze!

1. 学生
2. 高校生
3. 六年前 に ドイツに来ました。
4. デパートの前 で 待っています。
5. 中学校 に 行っています。
6. 五分前です。
7. 先生の 学校 は どこですか。
8. 父 は 45 才 です。
9. これ、自分で訳しました。
10. いつでも 手伝いますよ。

III. Schreiben Sie die folgenden Wörter bzw. Sätze mit Kanji!

1. Universität
2. jeden Tag
3. Welcher Monat?
4. vor drei Tagen
5. ein Schüler im dritten Jahr einer High School
6. Hilf mir!
7. Warte mal!
8. Das war meine Schule.
9. Mein Vater ist Lehrer an einer Mittelschule.
10. Wo wohnen Sie?

― 漢字のれんしゅう ―

Kanji-Zeichen, die Sie lesen / schreiben können:

先生、 二人、 子ども 、 来る、 来て、 お父さん

Kanji-Zeichen zur Wiederholung:

45才 (45さい)
二年生 (にねんせい)
中学生 (ちゅうがくせい)
中学校 (ちゅうがっこう)
住む (すむ)
五年 (ごねん)
自分 (じぶん)

Können Sie die folgenden Wörter in Kanji schreiben?

1. heute
2. alleine
3. Universität
4. gehen
5. kleines Auge
6. sehen
7. wie viele Menschen
8. welcher Monat
9. Fluss Elbe (Elbe wird in Katakana geschrieben)
10. auf der Hand (-fläche)
11. unter einem Baum
12. jeden Tag

Können Sie diese Wörter lesen?

1. 学生
2. 今月
3. 食べる
4. 雨の中
5. 毎日
6. 大好き
7. 火曜日
8. お母さん
9. 出る
10. 十月

Erraten Sie die Bedeutung folgender Wörter (man muss diese nicht lesen können)**:**

1. 月の出
2. 母の日
3. 人手
4. 来日
5. 大食
6. 手前
7. 住所
8. 前日

第(だい) 11 課(か)

― アンネさんは 京都に <u>行った</u>**こと**が ありますか。―

アンネ・ヴェーバー：ドイツ人、慶応の 交換留学生
森川 光(ひかる)： 森川 国夫(くにお)の 弟(おとうと)、45才(さい)、トヨタの会社員(かいしゃいん)
森川 めぐみ： 光の 妻(つま)、幼稚園(ようちえん)の 先生
森川 光一(こういち)：17才、高校(こうこう) 2年生(ねんせい)
森川 りえ子：14才、 中学(ちゅうがく) 2 年生(ねんせい)

（お正月、ホームステイの 家で）

朝、おとそ と お雑煮(ぞうに)を 頂(いただ)いてから、みんなで 初詣(はつもうで)に でかけました。
今、夜です。おせち料理(りょうり)を 食べています。

（めぐみさんは、 <u>きれいな</u>**着物**(きもの)を 着(き)ています。）

めぐみ： アンネさん、日本に 来て、何に 一番(ばん) びっくりしましたか。
アンネ： そうですね、最初(さいしょ)は 人が <u>多い</u>**こと**に びっくりしました。
ラッシュの 時(とき)、駅(えき) はすごいですね。電車に <u>乗る</u>**こと**が できませんでした。それから、いつでも どこでも <u>うるさい</u>**こと**です。
りえ子： じゃあ、何を <u>している</u>**時**が 一番 楽(たの)しい？
アンネ： うん、<u>色(いろ)んな</u>**人**と 日本語で 話を<u>したり</u>、旅行(りょこう)を<u>したりしている</u>**時**かな。
光一： アンネさんは、京都(きょうと)に <u>行った</u>**こと** が ある？
アンネ： あっ、あるよ。秋(あき)に一度(ど)、東京(とうきょう)から バスで 行った。ウィークエンドだけだったから、時間がなくて 残念(ざんねん)だった。京都は また<u>行きたい</u>**街**(まち)だよ。
それから 日光(にっこう)にもね。日光には、 留(りゅう)学生だけ で 行った。それまで日本の 田舎(いなか)を <u>見た</u>**こと**が なかったから、すごく 感激(かんげき)した。
光： じゃあ、アンネさんは、温泉(おんせん) に <u>入った</u>**こと**は あるかな？
アンネ： はい、あります。友だちと二人で 伊豆(いず)に <u>行った</u>**時**、入りました。
お湯(ゆ)が 熱(あつ)すぎて、すぐに上(あ)がりましたけど。でも、伊豆も、また
<u>行ってみたい</u> **所**(ところ) です。海(うみ)がいいですね。

Fettdruck:	- das Substantiv, das genauer bestimmt wird
<u>Unterstreichung:</u>	- der das Substantiv bestimmende Teil

第（だい） 11 課（か）

－ あたらしい 単語（たんご） －

1. お正月 — (Sub.) Neujahr
2. お雑煮（ぞうに） — (Sub.) Suppe mit o-mochi für den Neujahrsmorgen
3. おとそ — (Sub.) besonderer Sake für den Neujahrsmorgen
4. 頂（いただ）いて ← いただく — (vi./vt.) bekommen – bescheidene/höfliche Form
5. 初詣（はつもうで） — (Sub.) der erste Schreinbesuch des Jahres
6. 出かける — (vi.) ausgehen; zu Besuch gehen
7. おせち料理（りょうり） — (Sub.) ein Set mit verschiedenen Gerichten fürs Neujahr
8. びっくりする — (vi.) staunen, in Erstaunen geraten
9. 最初（さいしょ）は — am Anfang, in erster Zeit
10. ラッシュ — (Sub.) (← eng. rush) Andrang, Stoßzeit
11. どこでも — (Adv.) überall, wo auch immer
12. いつでも — (Adv.) in jeder Zeit, wann auch immer
13. うるさい — (Adj.) lästig laut, geräuschvoll
14. 色んな人 — (Sub.) verschiedene Menschen/Leute
15. 旅行（りょこう） — (Sub.) Reise
16. 秋（あき） — (Sub.) Herbst
17. 残念（ざんねん） — (Nadj.) schade, bedauerlich sein
18. 留学生（りゅうがくせい） — (Sub.) Studenten, die im Ausland studieren
19. 田舎（いなか） — (Sub.) Land/Provinz ↔ 都会（とかい） Großstadt
20. 感激（かんげき）・する — (vi.) sich begeistern, beeindruckt werden
21. 温泉（おんせん） — (Sub.) heiße Quelle, deren Badeinrichtung
22. 伊豆（いず） — (Ortsname) Gebiet der Halbinsel von Shizuoka-ken
23. お湯（ゆ） — (Sub.) warmes Wasser
24. 熱（あつ）すぎる — (Zusammensetzung von Adj. und Verb) zu heiß
25. 上（あ）がる — (vi.) steigen, heraus steigen

文法(ぶんぽう) ― Grammatik

Themenübersicht

1. Nominalisierung 1 - Ausdruck einer gemachten Erfahrung
2. Nominalisierung 2 - genauere Bestimmung eines Substantivs
3. Nominalisierung 3 - Zusammensetzung mit こと
4. Eigenständige Ausdrucksweise - ・・たり，・・たりする
5. Nebensatz mit der Konjunktion から

1. Nominalisierung 1 - Ausdruck einer gemachten Erfahrung

Form → Verb Grundform **Vergangenheit** (た-Form) + こと
Anwendung → ・・た こと が ある (→ **nicht** あった)

Beispiele:

1. 日本に 行った ことが ありますか。 — ありります。去年(きょねん) 行きました。
   (Waren Sie schon mal in Japan?) — (Ja. Im letzten Jahr bin ich dort gewesen.)
2. おすし、食べた ことが ある？ — まだ、ない。
   (Hast du schon mal O-sushi gegessen?) — (Noch nicht.)
3. 温泉(おんせん) に 入(はい)った ことが ありますか。 — ありません。
   (Haben Sie schon mal in einer heißen Quelle gebadet?) — (Nein.)

「・・したことが ある/あります」 → es handelt sich um eine Erfahrung
「・・した/しました」 → es handelt sich um eine konkrete Handlung

2. Nominalisierung 2 - Genauere Bestimmung eines Substantivs

Vergleichen Sie:

	Japanisch			Deutsch (Übersetzung)	
	bestimmender Teil		Substantiv	Substantiv mit bestimmendem Teil	
1. Substantiv	ぼく	の	本	(mein)	Buch
2. Adjektiv	あたらしい		本	(ein) neues	Buch
3. Adjektiv	読みたい		本	das Buch, das ich lesen möchte	
4. Nominaladj.	好きな		本	mein Lieblingsbuch	
5. Verb-Präsens	これから 読む		本	das Buch, das ich bald lesen werde	
6. Verb-Präteritum	もう 読んだ		本	das schon gelesene Buch das Buch, das ich schon gelesen habe	
7. Verb-Verlaufsform	今 読んでいる		本	das Buch, das ich gerade lese	

Fazit

1. Substantive können mit allen Wortarten genauer bestimmt werden.
2. **Das Substantiv** im Japanischen, das genauer bestimmt wird, befindet sich immer **am Ende einer Phrase**.
3. **Das Verb**, das ein Substantiv genauer bestimmt, steht immer **in der Grundform direkt vor dem Substantiv**.

Grammatische Reihenfolge für die genauere Bestimmung

bestimmender Teil		bestimmter Teil
Substantiv	＋ の ＋	Substantiv
Adjektiv	Grundform in Gegenwart oder Vergangenheit ＋	Substantiv
Nominaladjektiv	＋ な ＋	Substantiv
Verb	Grundform in Gegenwart oder Vergangenheit ＋	Substantiv

3. Nominalisierung 3 - Zusammensetzung mit dem Substantiv こと

Das Substantiv こと ist einer der wesentlichen Begriffe im Japanischen und hat viele Bedeutungen. In erster Linie bezeichnet es eine Sache bzw. Tatsache: Es handelt sich dabei um eine abstrakte Sache oder Angelegenheit, die nichts mit den konkreten Gegenständen oder Etwas Räumlichen zu tun hat.

Durch die Zusammensetzung mit こと entsteht eine Nominalisierung. Alle Wortarten können mit こと zusammengesetzt werden.
(Die Nominalisierungen 1, 2 sind eigentlich auch die Variationen dieses Themas.)

Beispiele:

私のこと - meine Angelegenheit; meine Sache; mein Problem

多[おお]いこと - dass es viel ist　　うるさいこと - dass es sehr laut ist

乗[の]ること - das Einsteigen; dass man in ein Fahrzeug einsteigt

行ったこと - gefahren zu sein; dass man gefahren ist

Beispielsätze:

1. 人が 多いことに びっくりした。
2. バスに 乗ることが できない。
3. 日本に 行ったことが ある。

Elementarbegriffe der Welt:

こと（事） - nicht gegenständliche, nicht räumliche Sachen; abstrakte Sachen
もの（物） - konkrete Dinge / Gegenstände; Gegensatz zu こと
ひと（人） - Mensch
とき（時） - Zeit
ところ（所） - Ort; Stelle

4. … たり、… たり ＋ する / した

Diese Form wird für die beliebige Aufzählung von mehreren Handlungen oder Zuständen verwendet (wie „mal so, mal so"). Die zeitliche Abfolge spielt dabei überhaupt keine Rolle. (anders als bei der Form ・・ てする)

Wortart	Form und Beispiel
Verb:	… たり、… たり する パーティで 飲(の)んだり、食べたり した。
Adjektiv:	… かったり、… かったり （　　） テストはむずかしかったり、やさしかったり
Substantiv und Nominaladjektiv:	… だったり、… だったり （　　） 学生は ドイツ人だったり 日本人だったりです。

Beispiele:

1. 日曜日は 本を 読んだり、メールを 書いたりします。
   Sonntags lese ich mal Bücher oder schreibe mal Emails.
2. 先生は　日本とドイツを行ったり来たりしています。
   Unsere Lehrerin pendelt zwischen Japan und Deutschland.
3. じゅぎょうは　楽(たの)しかったり、こわかったりです。
   Der Unterricht macht mir mal Spaß, ist aber manchmal auch schrecklich.
4. ばんごはんは　和食(わしょく)だったり、パンだったりです。
   Zum Abend essen wir mal etwas Japanisches, oder mal Brot.
5. 日本語で　話 を したり、旅行(りょこう) を したりしている 時(とき) **(Beispielsatz aus dem Text)**
   Die Zeit, in der ich mich mal auf Japanisch unterhalte oder mal auf der Reise bin.

Ihre Aufgabe: Füllen Sie die Lücken aus.

1. 日曜(よう)日は うちで テレビを 見（　　　）、さんぽを し（　　　　）した。
   Am Sonntag habe ich mal zu Hause ferngesehen, mal bin ich spazieren gegangen.
2. 大学の 授業(じゅぎょう) は　（　　　　　　　）、（　　　　　　　　　）です。
   Der Unterricht an der Uni ist mal interessant, mal auch nicht (interessant).
3. 朝ごはん は　パン　（　　　　　　）、ミュズリ（　　　　　　）です。
   Zum Frühstück esse ich mal Brot, oder auch mal Müsli.
4. 土曜日には　部屋(へや)をそうじ　し（　　　　）、買い物(もの)を（　　　　　）。
   Samstags putze ich mal mein Zimmer, oder mache mal Einkäufe.
5. ぼくは、友だちと　ダンスを（　　　　）、スケートを（　　　　　）時が 一番(ばん)　楽(たの)しい。
   Es macht mir den größten Spaß, mit meiner Freundin mal zusammen zu tanzen, oder auch mal zu skaten.

5. Nebensatz mit der Konjunktion から

Die Standardstruktur des japanischen Satzkomplexes:

Satzkomplex		
Nebensatz		Hauptsatz
Satz	Konjunktion	Hauptsatz

Wortart von から — sowohl Partikel als auch Konjunktion
Bedeutung von から — aus; von; wegen; weil; da; denn (**räumlich, zeitlich**, abgeleitet **kausal**)

Anwendung von から 1

Wortart	Prädikatsform	Konjunktion
1. Substantiv / Nominaladjektiv	だ / だった , auch です/ ます-Form	から
2. Adjektiv	Grundform Gegenwart oder Vergangenheit	から
3. Verb	Grundform Gegenwart oder Vergangenheit	から

Beispiele:
1. 雨だから、サイクリングはやめましょう。- Lassen wir die Fahrradtour, denn es regnet.
   昨日はひまだったから 日本語を勉強した。- Da ich gestern gerade Zeit gehabt habe, habe ich Japanisch gelernt.
2. さむいから もうねます。 - Ich gehe schon schlafen, weil es mir kalt ist.
   さむかったから どこにも行かなかった。- Ich bin nirgendwo hingegangen, weil es einfach zu kalt war.
3. おすしを作るから、少し手伝ってください。- Ich bereite jetzt O-sushi zu. Helfen Sie mir etwas dabei.
   おすしを作ったから、少し食べてみませんか。- Ich habe gerade O-sushi gemacht. Wollen Sie nicht etwas probieren?

「先生、来週(らいしゅう)は授業(じゅぎょう)に来ません。ベルリンに行きますから。」
Auch diese Ausdrucksweise wird häufig in der Sprachpraxis verwendet.

Anwendung von から 2
Bedeutung - danach (zeitlich)
Form der Anwendung - **Verb て-Form** + から
Beispiele:
コーヒーを飲んでから 大学に出かける。- Ich trinke Kaffee, dann fahre ich los zur Uni.
- Ich gehe zur Uni, erst nachdem ich Kaffee getrunken habe.
宿題(しゅくだい)をしてから ねる。 - Ich gehe schlafen, nachdem ich die Hausaufgabe erledigt habe.
- Ich erledige die Hausaufgabe, danach gehe ich schlafen.

Diese Anwendung ist praktisch wie bei der て- Form, die die Handlungen der wirklichen zeitlichen Abfolge entsprechend darstellt. Durch から wird lediglich die Abfolge betont.

第(だい) 11 課(か)

― 練習 1 ―

I. Wie können folgende Phrasen auf Deutsch ausgedrückt werden?

1. 考(かんが)える人 -
2. 日本に行った時 -
3. 食べたいもの -
4. 分からない言葉(ことば) -
5. あたらしい友だち -
6. きらいなもの -
7. あなたの　所 -
8. 今持(も)っている自転(てん)車 -

II. Bestimmen Sie die Substantive in Spalte **A** mit den Worten der Spalte **B** genauer. Schreiben Sie in die C-Spalte die genauer bestimmten Phrasen (Nominalphrasen). **Achtung, dabei sind die Grundformen zu beachten!**

A (Substantiv)	B	C
1. 人	UNIcert を　受(う)けます*。	
2. 時	子ども	
3. こと	分かりません。	
4. 所 (ところ)	行ってみたいです。	
5. DVD	2度(ど)　見ました	
6. もの	あたらしい　です。	
7. スポーツ	好き　です。	
8. 街 (まち)	昔(むかし)　住んでいました。	

* Test / じゅぎょうを受ける ― einen Test machen / schreiben, einen Unterricht besuchen

III. Bilden Sie aus den obigen Nominalphrasen einen Satz.

1. Wer die UNIcert schreiben will, soll bitte hier seinen Namen eintragen.
2. In der Kindheit (als ich Kind war) habe ich sehr viel Fußball gespielt.
3. Gibt es etwas Unverständliches (was Sie nicht verstehen können)?
4. Es gibt keinen Ort, wohin ich einmal gehen möchte.
5. Ich gebe / schenke dir diese DVD, die ich schon zweimal gesehen habe.
6. Das hier ist ein neues Ding.
7. Was ist Ihr Lieblingssport?
8. Hier ist die Stadt, in der ich früher gewohnt habe.

― 練習 2 ―

「こと」の 練習 ― Übung von こと (Nominalisierung / Substantivierung)

I. Bilden Sie mit dem jeweiligen Begriff eine entsprechende Phrase mit こと.
Benutzen Sie dabei die unten aufgelisteten Vokabeln.

Begriffe	Phrasen mit こと
1. etwas Gutes; etwas Schönes; eine gute Sache	
2. zu lieben; das Lieben	
3. etwas, was ich nicht verstehe	
4. etwas Dummes	
5. das, was ich gesagt habe	
6. zu schreiben; das Schreiben	
7. etwas Merkwürdiges; etwas Komisches	
8. etwas, was ich nicht weiß; dass ich nicht weiß	
9. etwas, was ich sagen möchte	
10. etwas, was ich gerne mache; eine Lieblingssache	
11. etwas, was ich verstanden habe	
12. etwas Schlimmes	
13. etwas Wahres / Wirkliches ; etwas Ehrliches	
14. etwas, was ich gehört habe	
15. etwas Unrealisierbares	
16. dass ich komme	
17. etwas Richtiges	
18. etwas Falsches	
19. das, was ich nicht mag	
20. an was ich mich erinnert habe	

むり Nadj.、来る、思い出す、いい、言う、本当(ほんとう) Sub.、いや Nadj.、好き Nadj.、知(し)る、あいする、聞(き)く、書く、ばか Nadj.、へん Nadj.、まちがう、正(ただ)しい、分かる、わるい

II. Versuchen Sie die folgenden Sätze jeweils in die andere Sprache zu übertragen.

1. まちがったことを　書きました。
2. 知らないことが　たくさんあります。
3. むりなことは / を　言わないでください。
4. 本当のことを　言ってください。
5. Ich habe etwas Merkwürdiges gehört.
6. Ich schreibe gerne (zu schreiben, das mag ich).
7. Ich habe etwas Dummes begangen.
8. Er weiß schon, dass ich komme.
9. Was ist das, was Sie nicht verstehen?
10. Es gibt vieles, das ich nicht weiß.

－ 漢字 －

I. Die neuen Kanji-Zeichen der Lektion 11:

1. 多い（おおい） Adj. - viel (Menge, Zahl)
2. 時 （とき） Sub. - Fortdauernde Zeit, für die Menschheit eine Grundbedingung wie der Raum. Auch als „als" oder „wenn" verwendet.
3. 時間（じかん） Sub. - Zeit, die in ihrer Länge begrenzt ist; Stunde
4. 海 （うみ） Sub. - das Meer; die See
5. 乗る （のる） vi. - in ein Fahrzeug einsteigen; damit fahren; auf ein Fahrzeug/Tier/Ding steigen

II. Wörter aus obigen Kanji-Zeichen:

Zu 1.	多分（たぶん）	- wahrscheinlich; vielleicht
Zu 2.	時々（ときどき）	- ab und zu; gelegentlich; manchmal
	何時（なんじ）	- um wie viel Uhr; wie spät
Zu 3.	人間（にんげん）	- Menschen als soziale Wesen
	空間（くうかん）	- Raum, 時間と空間 → „Zeit und Raum"
Zu 4.	日本海（にほんかい）	- das Japanische Meer
	北海（ほっかい）	- Nordsee
	バルト海（バルトかい）	- Ostsee
	海水（かいすい）	- Meereswasser
Zu 5.	乗車（じょうしゃ）	- das Einsteigen ins Fahrzeug
	乗り物（のりもの）	- Fahrzeuge allgemein

III. Bekannte Kanji-Zeichen zur Wiederholung. Können Sie die folgenden Verben lesen?

1. 行く
2. 食べる
3. 見る
4. 来る
5. 思う
6. 作る
7. 休む
8. 住む
9. 言う
10. 分かる
11. 乗る
12. 持つ

Pausenhof

Neujahrsfest in Japan - 日本のお正月(しょうがつ)

Die Zeit vergeht und mit ihr ändert sich alles. Auch die Sitten und Gebräuche, die Lebensart und die Traditionsformen verändern sich mit der Zeit. Die größte Feierlichkeit in Japan, **o-shôgatsu** (das Neujahrsfest), feiert man auch nicht mehr so wie früher. Aber einige bestimmte Gegebenheiten und Dinge bestimmen immer noch die Atmosphäre des Landes und die Empfindungen der Menschen zu Neujahr, das über drei Tage gefeiert wird. Früher hat ein Jahr kollektiv am 1.1. angefangen und die Menschen wurden kollektiv ein Jahr älter. Natürlich ist das längst nicht mehr so.

キーワード **(Keywords)**

除夜(じょや)の鐘(かね) - 108 Glockenschläge um 0 Uhr ins neue Jahr. 108 Leiden/Sünden der Menschen – so sagt die buddhistische Lehre – werden dadurch getilgt, damit ein neues Jahr in die gereinigte Seele hinein strömen kann. Der lang nachhallende Klang des schweren Glockenschlags zieht und schwebt durch die Dunkelheit und ruft ein besonderes Gefühl in uns hervor.

初詣(はつもうで) - Als erste Handlung des Jahres geht man zum Schrein, um sich dort für das neue Jahr Gutes zu wünschen.

おせち料理(りょうり) - Ein Gericht für das Neujahrsfest, das aus verschiedenen haltbaren Leckereien besteht, damit man während der Feiertage nicht so viel Zeit für das Kochen aufwenden muss.

年賀状(ねんがじょう) - Neujahrskarte. Am 1.1. bekommt man pünktlich eine Unmenge Neujahrskarten. Dafür muss man die Karten nur frühzeitig noch im alten Jahr zur Post gegeben haben.

お雑煮(ぞうに) - Eine Suppe mit o-mochi, die zu Neujahr gegessen wird.

松飾(まつかざり) / 門松(かどまつ) - Neujahrsschmuck, der vom 1.1. bis 7.1. vor dem Hauseingang aufgestellt wird und aus frischen Pinienzweigen, Farn, Bambusstangen, u.a. besteht.

おもち - Ein Knödel aus Süßreis, der glatt gestampft und rund geformt wird. Er ist sowohl Neujahrsschmuck als auch ein typisches Essen fürs Neujahr.

お年玉(としだま) - Geldgeschenke für die Kinder von den erwachsenen Verwandten zu Neujahr.

初日(はつひ)の出(で) - Der erste Sonnenaufgang des Jahres. Diesen möchte man sehr gerne an einem besonderen Ort, z.B. auf einem hohen Berg oder am Meer erleben. Man betet und wünscht sich Gutes für das neue Jahr.

書初め(かきぞめ) - Erste Kaligraphie des Jahres. Überhaupt wird alles Erste in Japan sehr hoch geschätzt und begehrt. Außer der Kaligraphie gibt es noch viele erste Handlungen, die man mit einem feierlichen Gefühl in diesem Bewusstsein vornimmt.

第 12 課

− 漢字は いくつぐらい 読めますか。−

アンネ・ヴェーバー：	ドイツ人、交換留学生(こうかんりゅうがくせい)
服部(はっとり) 純子(じゅんこ)：	アンネのドイツ語コースの 生徒(せいと)、塾(じゅく) の 先生
星野(ほしの) あやか：	アンネのドイツ語コースの生徒、若(わか)い 会社員(かいしゃいん)
大西(おおにし) 桂(かつら)：	アンネのドイツ語コースの生徒、大学生

アンネさんは、アルバイトを 始(はじ)めました。ドイツ語を 教(おし)えるアルバイトです。
小さいクラスで、生徒(せいと) は たった 7 人。不思議(ふしぎ) な ことに 女の人ばかりです。
今日 は 初(はじ)めて の 授業(じゅぎょう) です。

アンネ： みなさん、こんにちは！アンネ・ヴェーバーです。よろしくお 願(ねが)いします。
生徒： こちらこそ、よろしくお 願(ねが)いします。
アンネ： それでは、簡単(かんたん) な自己紹介(じこしょうかい) から 始めましょう。
最初(さいしょ) に私が。私はドレスデン工科大学の学生で、心理学を勉強しています。
今は 慶応(けいおう)大学に 留学中(りゅうがくちゅう) です。

7 人の生徒も 自分の名前 と 好きなことを 日本語で言うと、アンネさん が それを
すぐドイツ語 に します。生徒 に とって 最初 のドイツ語です。
アンネさんが日本語をとても上手に使って授業をするので、生徒は感激(かんげき) します。
授業の 後(あと)、みんな 色々(いろいろ) な 質問(しつもん) をします。

純子(じゅんこ)： 先生、質問(しつもん) してもいいですか。先生は、日本語 がとてもお上手ですが、
漢字 は どうですか。読むこと は できますか。
アンネ： はい、漢字 も 読めますよ。
桂(かつら)： いくつぐらい 読めますか。
アンネ： 700 ぐらい かな。
あやか： すごい！それじゃあ 書くの も 平気(へいき) ですね。いくつぐらい 書けますか。
アンネ： 500 ぐらい 書ける と 思います。
みんな： わあ、すごい！

純子：先生、じゃあ、日本語 の ほか に どんな 言葉(ことば) が できますか。
アンネ：英語 が できます。それから、フランス語 とスペイン語 が 話せます。

第 12 課

― あたらしい 単語（たんご） ―

1. 生徒（せいと） (Sub.) Schüler
2. 塾（じゅく） (Sub.) private Nachhilfeschule
3. 若（わか）い (Adj.) jung
4. 会社員（かいしゃいん） (Sub.) Firmenangestellte(r)
5. アルバイト (Sub.) Neben- oder Stundenjob
6. 教（おし）える (vt./vi.) lehren; informieren; beibringen
7. たった (Adv.) für die Betonung der kleinen Menge
8. 不思議（ふしぎ）（なことに） (Sub.) rätselhaft sein; komischerweise; rätselhafterweise
9. ばかり (Partkel) lediglich; bloß; nur; gerade
10. 簡単（かんたん） (Nadj.) einfach; kurz und bündig
11. 自己紹介（じこしょうかい） (Sub.) Selbstvorstellung
12. 最初（さいしょ） (Sub.) das Erste; erstes Mal
13. 心理学（しんりがく） (Sub.) Psychologie
14. 留学中（りゅうがくちゅう） (Sub.) gerade beim Auslandstudium sein
15. 後（あと） (Sub.) nach (etwas) – zeitlich
16. お上手 (Nadj.) höfliche Ausdrucksweise für 上手
17. 平気（へいき） (Sub.) gelassen; es macht mir gar nichts aus; kein Problem
18. 言葉（ことば） (Sub.) Sprache; Worte
19. ・・にとって für jemanden / etwas
20. 感激（かんげき）する (vi.) sich begeistern, beeindruckt / gerührt sein

Besonderheiten der Fähigkeits-/Möglichkeitsform

Grundform	Fähigkeitsform	Grundform	Fähigkeitsform
1. する	できる	6. 来（く）る	来（こ）られる 来（こ）れる
2. ある sein (kein Lebewesen)	keine Fähigkeitsform	7. いる sein (Lebewesen)	いられる おれる
3. 見る	見える **sichtbar**	8. 見る	見られる 見れる genießbar
4. 聞く	聞こえる **hörbar**	9. 聞く	聞ける genießbar
5. 分かる	keine Fähigkeitsform		

－ 文法 Grammatik －

Themenübersicht

1. Ausdruck der Fähigkeit / Möglichkeit
2. Eigenständige Ausdrucksweisen
3. Die Konjunktionen ので und と

1. Ausdruck der Fähigkeit / Möglichkeit

Es gibt drei verschiedene Möglichkeiten für den Ausdruck der Fähigkeit:

1. ein Substantiv が / を　できる　(z.B. man kann Japanisch)
2. … すること　が　できる　(approximativ: es ist möglich, etwas zu tun)
3. **Verb e-Basis** + る

Beispiele

1. スキー が　できますか。　(スキーをする　⇔　スキーができる)
   日本語 が 少し できます。でも、中国語 は できません。

2. メンザ で コンサート を すること が できますか。
   このケータイから 写真(しゃしん) を　送(おく)ること が できます。 - Es ist möglich, von dem Handy Bilder zu versenden.

3. 漢字 が/ を　たくさん 書ける。
   これを ドイツ語 に　訳(やく)せますか。(訳せる　←　訳す)

2. Eigenständige Ausdrucksweisen

1. Das Substantiv, das mit dem Zeichen 中（ちゅう）zusammengesetzt wird, stellt einen Zustand wie die Verlaufsform von Verben dar.

   留学中(りゅうがくちゅう) - gerade mitten im Auslandsstudium
   仕事中(しごとちゅう) - mitten in / bei der Arbeit　　食事中(しょくじちゅう) - beim Essen

   Ihre Aufgabe: Wie können folgende Situationen auf Japanisch ausgedrückt werden?

   a. gerade mitten im Unterricht　　b. gerade beim Telefonieren
   c. gerade beim Lernen　　d. gerade im Gespräch

2. Wörter zur Einschränkung / Begrenzung (mit Betonung) und ihre Positionierung:

   たった７人 - bloß; nur
   女の人ばかり / だけ - nur (Frauen, keine Männer und Kinder)

3. Die Konjunktionen ので und と

ので - Kausalkonjunktion

ので unterscheidet sich kaum von から als Kausalkonjunktion. Nur bei Verbindung mit einem Substantiv / Nominaladjektiv in der Gegenwart entsteht ein kleiner förmlicher Unterschied: Bei から wird mit だ gebunden und bei ので mit な. (vgl. Seite 61)

Besonderheit der Verbindungsregel von ので:

Wortart	Prädikatsform	Konjunktion
1. Substantiv / Nominaladjektiv	Gegenwart な	ので (---)
	Vergangenheit だった	ので (から)
2. Adjektiv	Grundform Gegenwart oder Vergangenheit	ので (から)
3. Verb	Grundform Gegenwart oder Vergangenheit	ので (から)

ので bezeichnet mehr als から das Ergebnis einer natürlichen Folge. から klingt etwas umgangssprachlicher, aber zwischen beiden besteht eigentlich kein wesentlicher Unterschied.

1. 雪(ゆき) なので 自転車に のりません。 Ich fahre nicht Fahrrad, weil es schneit.
   雪 だった ので 歩(ある)いて 行きました。 Ich ging zu Fuß, da es geschneit hat.

2. さむい ので ヤッケを着(き)ます。 Ich ziehe noch eine Jacke an, mir ist kalt.
   さむかった ので 風邪(かぜ) を ひきました。 Weil es sehr kalt war, habe ich mich erkältet.

3. おすし を 作りたい ので のり がほしい。 のり - Seetangblatt
   ケーキ を 作った ので いい におい が する。 いいにおい が する - es duftet

と entspricht der Funktion von „ .., dass...“ und „wenn......, dann.......“ .

Wortart	Prädikatsform	Konjunktion
1. Substantiv / Nominaladjektiv	Gegenwart だ oder Vergangenheit だった	と
2. Adjektiv	Grundform Gegenwart oder Vergangenheit	と
3. Verb (wenn..., dann)	**nur Grundform Gegenwart**	と
dass -Funktion	Gegenwart oder Vergangenheit	と

Beispiele

1. 明日は 雨だ と思う。 - Ich vermute / glaube / denke, …
2. これ、おいしい と思う？ - Findest / hältst du …
3. 500 ぐらい書ける と思います。 - Ich glaube / schätze, …
4. 日本語で言うと、分(わ)かりました。 - Wenn man auf Japanisch sagt, …
5. ゆっくり話すと、分かります。 - Wenn man langsam spricht, …

― 練習 ―

I. Schreiben Sie die Möglichkeits-/Fähigkeitsform mit der e-Basis und die Bedeutung folgender Verben:

Infinitiv	Fähigkeits-/Möglichkeitsform	Bedeutung
1. 読む		
2. 書く		
3. 話す		
4. 来る		
5. 言う		
6. 持(も)つ		
7. 泳(およ)ぐ		
8. 訳(やく)す		

Es gibt drei Möglichkeiten für den Ausdruck der Fähigkeit:

Formel	Beispiele	Bedeutung
1. Substantiv が / を　できる	スキーができる。	
2. ・・をすること が　できる	ネットで 調(しら)べることが できる。	
3. e-Basis ＋　る	日本語 が 話せる。	

II. Schreiben Sie die folgenden Sätze mit den obigen Formeln 2 und 3 zu Fragesätzen der Fähigkeitsform um.

1. これを ドイツ語 に 訳(やく)す。
2. 明日ミーティング に 来る。
3. "Fuß" の 漢字 を 書く。
4. 中国語 を 話す。
5. スーツケース を 片手(かたて) で 持(も)つ。　　片手で - mit einer Hand

III. Übersetzen Sie ins Japanische (mit einem Ausdruck der e-Basis):

1. Können Sie dieses Kanji-Zeichen lesen?
2. Kannst du etwa nicht schwimmen?
3. Ich kann so etwas nicht aussprechen / sagen.　　so etwas - そんなこと
4. Kannst du nicht mehr laufen?　　nicht mehr - もう・・Verneinung

― 漢字 ―

I. Kanji-Zeichen dieser Lektion:

1. 小さい（ちいさい） - klein; winzig
2. 始める（はじめる）vt. - beginnen; anfangen 始まる vi.
3. 教える（おしえる） - lehren; beibringen; informieren; Bescheid sagen; unterrichten
4. 自分 （じぶん） - sich selbst
5. 名前 （なまえ） - Name

II. Manche Kanji-Zeichen haben viele Striche. Üben Sie die Zeichen mehrmals und sorgfältig, bis Sie diese in harmonischer und balancierter Form schreiben können.

III. Schreiben Sie mit Kanji gemischt folgende Phrasen und Sätze:

1. Als ich ein kleines Kind war - わたしが (oder の) ちいさいとき
2. Es ist Zeit. Fangen wir an! - じかんですね。はじめましょう！
3. Sagen Sie Ihren Namen, bitte. - おなまえをいってください。
4. Ich unterrichte Japanisch. - にほんごをおしえています。
5. Ich habe keine Zeit für mich selbst. - じぶんのじかんがありません。
6. Ich tue es selber. - じぶんでします。
7. Um wie viel Uhr (wann) beginnt das? - なんじにはじまりますか。

IV. Sie müssen folgende Wörter nicht lesen können. Was könnten sie aber bedeuten? Erraten Sie ihre Bedeutung:

1. 小学生
2. 年始
3. 小川
4. 教え子
5. 大人
6. 乗り物（もの）
7. 七人の小人
8. 小雨
9. 海上
10. 人名
11. 大学名
12. 教え方
13. 海水パンツ
14. 自作
15. 小国と大国
16. 開始

― やきそばを　作ろう。―

（電車 の 中で）

リカ：　お腹(なか)（が）　すいたね。
アンネ：　うん、ぺこぺこ。
リカ：　どこかで　食べて帰ろうか？
アンネ：　そうだね・・　でも、やっぱり 寮(りょう) で 食べない？
リカ：　それじゃあ、寮で やきそばを 作って、いっしょに 食べよう。

アンネさん とリカさん は、同じ学生寮 に 住んでいます。

（寮(りょう) の 前で）

リカ：　アンネ、今日は 荷物(にもつ) があるから、エレベーター に 乗(の)ろう。
アンネ：　うん、荷物(にもつ) が あっても、階段(かいだん)を歩こうよ。
リカ：　アンネ は 元気 だ ね。私 は エレーベーターを 使(つか)う。
　　　じゃあ、荷物 を 持って行ってあげるよ。
アンネ：　あっ、ありがとう。それじゃあ、キッチンで 会おうね。

（キッチンで）

やきそばが　できました。でも、たくさん作りすぎてしまいました。

アンネ：　もう食べられない（もう食べれない）。お腹 が 一杯(いっぱい)！
　　　残(のこ)ったの、これ、どうしようか。
リカ：　残ったの は、明日 食べようと思うけど・・
　　　でも、明日は もう おいしくないね。
アンネ：　じゃあ、ワンさんに 食べるかどうか 聞いてみよう
　　　彼なら 喜(よろこ)んで 食べると思うよ。

― あたらしい単語 ―

1.	やきそば	(Sub.) Bratnudeln in chinesischer Art
2.	お腹(なか)がすいた	(ich habe) Hunger
3.	ぺこぺこ	(Onomatopöie) Ausdrucksweise für „hohl und leer sein“
4.	寮(りょう)	(Sub.) Wohnheim
5.	同(おな)じ	(Nadj.) gleich; dasselbe
6.	荷物(にもつ)	(Sub.) Gepäck; etwas zu tragen; Last
7.	エレベーター	(Sub.) Fahrstuhl; Aufzug
8.	階段(かいだん)	(Sub.) Treppen
9.	持って行ってあげる	(zusammengesetztes Verb) (für dich) bringen; mitnehmen
10.	作りすぎてしまう	(zusammengesetztes Wort) zu viel gemacht / gekocht
11.	お腹が 一杯(いっぱい)	total satt sein
12.	残(のこ)った ← 残る	übrig bleiben
13.	（彼）なら	wenn es (er) ist
14.	喜(よろこ)んで	(sehr) gerne; mit Freude

アンネさん の キッチン

アンネさん の 作った やきそば

－ 文法 Grammatik －

Themenübersicht

1. Anwendung der o-Basis
2. Andere Zusammensetzung der i-Basis
3. Anwendung der Konjunktionen と und かどうか

1. Verb o-Basis

Wir haben schon in Teil 1 die Aufforderung für „uns“ in der höflichen Form gelernt.
Verb i-Basis + ましょう (Hilfsverb) → Wollen wir etwas tun!, Tun wir es!

Beispiele

行きましょう → Gehen wir!
始(はじ)めましょう → Fangen wir mal an!
読みましょう → Lesen wir mal vor!

Hier lernen wir die andere Form für die vertraute Beziehung.

Formel der Aufforderung „für uns“:

	gebeugte Form des Verbs	Hinzufügung
höfliche Beziehung	Verb i-Basis	ましょう
vertraute Beziehung	5- stufiges Verb **o-Basis**	う
	Unregelmäßiges und 1- stufiges Verb **o-Basis**	よう

Anwendung 1: Aufforderung für sich selbst / uns; Lasst uns ...
Ausdruck eines eigenen Willens oder einer Absicht

1. 行こう
2. 始めよう
3. 見よう
4. 飲もう
5. 食べよう

Anwendung 2: Zusammensetzung mit einem Verb「と 思う」oder 「と言う」→
Äußerung einer Absicht vom Subjekt.

Beispiele

これ、明日 食べよう と 思う。 - Das werde / will ich morgen essen.
かれは、日本 に 行こう と よく 言う。 - Er sagt oft: „Gehen wir nach Japan!“
日本 で すもう を 見よう と 思う。 - Ich will mir in Japan Sumo anschauen.
毎日 水を２リットル飲もう と 思っている。 - Ich will täglich 2 l Wasser trinken.

2. Eine andere Zusammensetzung der Verb i-Basis

Außer der Zusammensetzung der i-Basis eines Verbs mit dem Hilfsverb der ま- Gruppe gibt es noch einige andere Variationen der Zusammensetzung, die die i-Basis des Verbs benötigen. Hier lernen wir eine Zusammensetzung mit dem Verb „すぎる (vorbeigehen, über das Maß gehen) für den Ausdruck von Übermaß / Übermäßigkeit.

Ausdruck von Übermaß			
Wortart	Form	zu ergänzendes Verb	Beispiel
Verb	i-Basis	過(す)ぎる	食べ過ぎる
Adjektiv	ohne Endsilbe い	過ぎる	大きすぎる
Nominaladjektiv	unverändert	過ぎる	かんたんすぎる

Aufgabe: Wie sagen Sie auf Japanisch?
1. Es ist zu viel.
2. Ich habe heute zu viel / zu lang geschlafen.
3. Zu viel gekocht / gemacht / produziert
4. Es ist zu ruhig.
5. Ich habe zu viel gearbeitet.

3. Anwendung der Konjunktionen と und かどうか

„と“ als Konjunktion wurde schon in Lektion 12 behandelt (wenn.., dann..).
Wenn „と“ aber als die Konjunktion „dass“ fungiert, dann darf der Prädikatsteil sowohl in der Gegenwartsform als auch in der Vergangenheitsform gesagt werden.

„かどうか“ als Konjunktion entspricht „ob“.

Wortart	Prädikatsform	Konjunktion
1. Substantiv / Nominaladjektiv	Gegenwart **ohne (!)** Vergangenheit だった	(だ) と かどうか
2. Adjektiv	Grundform Gegenwart oder Vergangenheit	と かどうか
3. Verb	Grundform Gegenwart oder Vergangenheit	と かどうか

Beispiele

1. 彼(かれ)なら よろこんで 食べる と思うよ。 - Ich glaube, er isst es doch sehr gerne.
2. アンネさんは フランス語 が できる と思う。 - Ich glaube, Anne kann Französisch.
3. みんな は もう 日本に 着いた と思う。 - Ich glaube, alle müssen schon in Japan angekommen sein.
4. 行くかどうか、まだ分からない。 - Ich weiß noch nicht, ob ich hingehe.
5. おいしいかどうか、食べてみて。 - Koste mal, ob es dir schmeckt!
6. 彼は おすしが 好き かどうか 知(し)ってますか。 - Weißt du, ob er vielleicht O-Sushi mag?

－ 練習 －

I. Übersetzen Sie folgende Sätze und ändern Sie diese in die vertraute Form.

1. さあ、食べましょう。 → （食べる１）
2. タクシーに乗りましょう。 → （乗る）
3. それでは　始めましょう。 → （始める１）
4. 電(でん)車で行きましょう。 → （行く）
5. 少し　休みましょう。 → （休む）
6. 少し　歩きましょう。 → （歩く）
7. このフィルム、いっしょに見ましょう。 → （見る１）
8. サイクリングをしましょう。 → （する）
9. そろそろ　終(お)わりましょう。 → （終わる）
10. 日本語の歌(うた)を　歌(うた)いましょう。 → （歌う）

II. Formulieren Sie die folgenden Sätze als Vorhaben, Absicht oder Einschätzung mit der Ausdrucksweise「… と思う」(inklusive der Stilvarianten von 思う).

1. あたらしいパソコンを買う
2. 先生 に メール を 書く
3. 私のホームページを作る
4. 日本 で　アンネ に 会う
5. 先生 に そうだん してみる　（そうだんする　- sich mit jemandem beraten）
6. ヤンさんとタンデムをする

III. Wie drücken Sie Ihr Vorhaben auf Japanisch aus?

1. nach Japan gehen
2. Japanisch lernen
3. Nordic Walking machen
4. morgen einen Kuchen backen
5. ab morgen jeden Tag joggen

IV. Äußern Sie Ihre Absicht, Anne zu fragen.
(Als Muster: (jemanden に) 聞いてみよう　/ に聞いてみようと思う)

1. ob ihr das Japanischlernen Spaß macht (Adjektiv)
2. ob sie täglich Kanji-Zeichen schreibt (Verb)
3. ob sie Tempura mag (Nominaladjektiv)
4. ob sie ein Auto hat / besitzt (Verb, Zustand)
5. ob sie schon diesen Film gesehen hat (Verb, Vergangenheit)

Pausenhof „あぶない！“ und „Vorsicht!“

Hierbei handelt es sich um einen spontanen, nicht überlegten Ausdruck als Reaktion in einer/ auf eine bestimmte Situation.

Szene 1 Sie laufen mit Ihrer Freundin zusammen auf einem Weg. Plötzlich taucht von der Seite ein Fahrradfahrer auf und hätte sie beinahe gestreift. Was würden Sie in diesem Augenblick wohl sagen? Vielleicht fluchen? Ja, ein Fluch käme in diesem Moment sicherlich am schnellsten und auch berechtigt – dieses Thema ist aber ein anderes. Wahrscheinlich würden Sie sagen: „**Vorsicht!**“, „**Vorsichtig!**“, oder „**Pass auf!**“, oder sogar „**Passen Sie auf!**“.

Im Gegensatz zu Ihnen würde ein Japaner zuerst spontan rufen: „あぶない！“ あぶない bedeutet „**gefährlich**“. Natürlich würden auch Japaner nach der Schrecksekunde bestimmt sagen: „Sei vorsichtig“, zuerst aber fast immer „あぶない！“

Szene 2 Im Unterricht erklärt der Lehrer etwas Wichtiges. Die Schüler hören ihm nicht zu und flüstern miteinander -- es wird lauter. Schließlich würde er sie mit angehobener Stimme ermahnen: “**Ruhe!**“

Und was sagt ein japanischer Lehrer? Als erste spontane Reaktion in dieser Situation ist es sehr wahrscheinlich, dass er einfach „うるさい！“ruft, bevor er seine Schüler zur Ruhe auffordert. うるさい heißt „**lästig laut**“.

Zusammenfassung

1. Die Deutschen fordern eine Handlung bzw. eine Gegenmaßnahme — die Japaner beschreiben die Situation.

2. Vergleich
   D.: Sei vorsichtig, (da es gefährlich ist) ! J.: あぶない, (daher sei vorsichtig!)
   D.: Ruhe, (da ihr sehr laut seid)! J.: うるさい, (daher Ruhe!)

3. Was nach dem Ausruf folgen soll, wird im ersten Augenblick als etwas Selbstverständliches nicht ausgesprochen. Dabei steht im Deutschen das Nichtgesagte fiktiv im Nebensatz - im Japanischen dagegen im Hauptsatz („daher“ gehört eigentlich als Konjunktion zum vorderen Satzteil).

4. Dies entspricht auch der Satzstruktur in beiden Sprachen:
   D.: Hauptsatz + Nebensatz Nebensatz = Konjunktion + Satz
   J.: Nebensatz + Hauptsatz Nebensatz = Satz + Konjunktion

－ えみさん、ちょっと教えてくれる？ －

アンネ： えみさん、ちょっと、この漢字「飯能」の 読み方、教えてくれる？

えみ： ああ、「飯能」、これは、「はんのう」と読む の よ。埼 玉 県の街だけど、どうして？

アンネ： 私たちの日本語のクラスが、日曜日にこの漢字の駅 に 行くことになった。山口先生 の 実家 は、名栗 温 泉 の 旅 館 で、私たちをそこに 招 待 して くださったの。でもね、この漢字 の 駅 前 に 11 時 に 集 まること。それだけしか言ってくださらない。後 は 自分たちで 調 べること。これが、宿 題 に なって いる。

えみ： 飯能まで どう行くか、分かる？ ネットで 調べて あげようか？

アンネ： 漢字 の 読み方 が 分ったから、自分で 調べてみる。でも、えみさん、プリントアウト してくれる？

（月曜日、えみさんは アンネさん に 電話をしました。）

えみ： アンネさん、昨日は どうだった？無事 飯 能 の 駅 に 着いた？

アンネ： うん、すごく楽しかった。えみさんが 飯能まで の 行き方を プリントアウトしてくれたから、助かった。それを 見ながら 行った。カルロスさんに コピーしてあげて、乗り方を 教 えてあげた。でも、乗り 換え が たくさん あって、大 変 だったよ。旅 館 のマイクロバスが、飯 能 の 駅 に みんなを 迎えに 来てくれた。旅館 で 温 泉 に 入ったよ。それから、めずらしい日本料 理を 色 々 ごちそう してもらった。その 後、先生 が 私たちを、日本の 伝 統 的 な 古い木 の 家 に あんないしてくださった。昔 は 農家 だったそうで、大きな わら屋根 が とても 印 象 的 だった。家の中も ぜんぶ 見せてもらったよ。日本の 建 築 は すごくおもしろいね。

あたらしい単語

1.	くれる	(vt.) (jemand) gibt / schenkt mir etwas
2.	読み方（かた）	(Sub.) Leseart
3.	埼玉県（さいたまけん）	(Sub.) eine Präfektur neben Tokyô
4.	街（まち）	(Sub.) City; Stadt
5.	実家（じっか）	(Sub.) Elternhaus
6.	名栗温泉（なぐりおんせん）	eine heiße Quelle und gleichzeitig ein Ortsname
7.	旅館（りょかん）	(Sub.) Hotel in alter japanischer Art
8.	招待（しょうたい）	(Sub.) Einladung
9.	してくださった	(zusammengesetztes Verb) sehr höflicher Ausdruck
10.	調（しら）べる	(vt./vi.) untersuchen; recherchieren; suchen
11.	ネット	(Sub.) Abkürzung von Internet
12.	無事（ぶじ）	(Nadj.) wohlbehalten; sicher; gut; heil; ohne Vorkommnis
13.	着（つ）いた ← 着く	(vi.) ankommen
14.	行き方	(Sub.) Art und Weise, wie man fährt / geht
15.	助（たす）かった ← 助かる	(vi.) gerettet werden
16.	乗（の）り換（か）え	(Sub.) Umsteigen
17.	大変（たいへん）	(Nadj.) äußerst mühselig; sehr schwierig
18.	迎（むか）えに来てくれた	(zusammengesetztes Verb) abgeholt werden
19.	めずらしい	(Adj.) selten; rar
20.	ごちそうする	(vi./vt.) zum Essen einladen (feiner Ausdruck)
21.	伝統的（でんとうてき）	(Nadj.) traditionell
22.	昔（むかし）	(Sub.) früher; einst
23.	農家（のうか）	(Sub.) Bauernhof
24.	わら屋根（やね）	(Sub.) Strohdach
25.	印象的（いんしょうてき）	(Nadj.) beeindruckend
26.	建築（けんちく）	(Sub.) Architektur
27.	マイクロバス	(Sub.) Kleinbus

－ 文法 Grammatik －

Themenübersicht

1. Geben-Bekommen-Verhältnisse・・てあげる、・・てもらう、・・てくれる
2. Höfliche Ausdrucksweise
3. Die dritte Anwendung von そう
4. Weitere Anwendungen der i-Basis i-Basis + ながら und i-Basis + に
5. 「こと」になる

1. Geben あげる － Bekommen もらう、くれる

Die Menschen tauschen miteinander etwas aus, seien es Gegenstände, seien es Taten / Handlungen. Dieser Austausch kann zwar aus verschiedenen Perspektiven zum Ausdruck gebracht werden, aber die japanische Sprache stellt diese Interaktion strukturell grundsätzlich von dem egozentrischen Standpunkt aus dar.

上げる vt. → **(Ich) gebe / schenke** jemandem etwas.
Dieses Verb kann zwischen dritten Personen verwendet werden, aber keinesfalls für die Aussage **„**jemand gibt mir etwas"

もらう vt. → **(Ich) bekomme** (von jemandem etwas).

くれる vt. → **(Mir) gibt jemand** etwas.

Bei der Anwendung sind folgende Punkte zu beachten:

1. Als ein Objekt → Gegenstand (Substantiv) mit を
   Handlung / Tat mit der Verb て – Form
2. Die Partikeln
   あげる / ・・てあげる → jemandem に etwas を
   もらう / ・・てもらう → jemandem に etwas を
   - (私は) braucht nicht extra gesagt zu werden, もらう beinhaltet „**ich** bekomme".
   - Wenn man etwas von einer öffentlichen Einrichtung bekommt, dann verwendet man jemandem から statt jemandem に.

   くれる / ・・てくれる → jemand が / は etwas を
   - (私に) ist nicht erforderlich, da くれる dies schon beinhaltet „**mir** gibt jemand etwas".

3. Gültigkeit der drei Verben あげる、もらう、くれる
   Die Handlung / das Objekt dieser drei Verben darf nur etwas Gutes sein. Eine Kombination von あげる mit z.B. scharfer Kritik ist nicht vereinbar.

Beispielsätze

日本のＤＶＤを友だちにあげる。 日本のＤＶＤを友だちに<u>かして</u>あげる。
友だちにＤＶＤをもらう。 友だちにＤＶＤを<u>かして</u>もらう。
友だちが日本語のＤＶＤをくれた。 友だちが日本語のＤＶＤを<u>かして</u>くれた。

かす － leihen

2. Höfliche Ausdrucksweisen

Im Japanischen spricht man mit seinem älteren oder ranghöheren Gegenüber in einer besonders respektvollen Ausdrucksweise mit höflichen Redewendungen. Diese werden nicht nur im direkten Gespräch mit ihm benutzt, sondern auch dann, wenn er als Dritter in einem Gesprächsthema erwähnt wird.

Beispiele aus dem Text dieser Lektion

1. （山口先生は）私たちを 招待（しょうたい） してくださった。 ← くれた
2. それだけしか 言ってくださらない。 ← くれない
3. （山口先生が）あんないしてくださった。 ← くれた

Statt くれた / くれました sagt man くださった / くださいました,
statt くれない / くれなかった sagt man くださらない / くださいませんでした.

くださる ist nicht ganz genau von くれる abgeleitet, aber ihr Verhältnis zueinander ist leichter zu verstehen, wenn es so illustriert wird.

Noch eine weitere Höflichkeitsform: 「いらっしゃいます」 gilt für die beiden unterschiedlichen Verben 来ます und 行きます gleichermaßen.

Versuchen Sie einmal Ihren Lehrer mit dieser Höflichkeitsform zu fragen.
Sie können ihm gegenüber ohne Bedenken den sehr höflichen Ausdruck verwenden, auch wenn Sie ihn im Deutschen duzen würden.

3. Die dritte Anwendung von そう

In Lektion 9 haben wir die zweite Anwendung von そう „es sieht so aus" kennen gelernt.
Hier lernen wir eine weitere Anwendung: **Dieses そう weist auf etwas hin, was man indirekt erfahren oder gehört hat**.

Formeln im Vergleich mit dem „zweiten そう"

	indirekte Erfahrung	es sieht so aus
Substantiv Nominaladjektiv	＋ だ ＋そう ＋ だった ＋そう	Sub. + のよう oder ＋ みたい Nominaladjektiv ＋ そう
Adjektiv	**Grundform** ＋ そう	Endsilbe い weglassen ＋ そう
Verb	**Grundform Gegenwart** ＋ そう **Grundform Vergangenheit** ＋ そう	i-Basis ＋ そう

Beispiele im Vergleich

	indirekte Erfahrung	es sieht so aus
Substantiv / Nominaladjektiv	かれは スイス人 だ そうです。 かれは びょうきだったそうです。	かれは 日本人のようですね。 かれは ひま そうですね。
Adjektiv	テストは やさしいそうですよ。	わあ、おいしそう！
Verb	かれは 日本 に 行くそうですよ。 かれは 日本 に 行ったそうです。	雨 が ふりそうですね。

4. andere Anwendungen der i-Basis mit …ながら und …に

i-Basis + ながら → ein Ausdruck für zwei parallel laufende Handlungen

Beispiele

1. 音楽(おんがく)を 聞き ながら 勉強する。 → Ich höre Musik und lerne. Beim Lernen höre ich Musik.
2. 考(かんが)え ながら 歩く。 → Ich denke nach und laufe. Beim Laufen denke ich nach.
3. 歩き ながら ケータイをかける。 → Ich laufe und telefoniere mit dem Handy.
   Beim Telefonieren mit dem Handy laufe ich.
   Beim Laufen telefoniere ich mit dem Handy.

Es ist eigentlich nicht wichtig, welche Handlung die Hauptsache ist, aber die Satzstruktur betreffend steht der Prädikatsteil des Hauptsatzes immer am Schluss.

Vergleichen Sie die folgenden Sätze:

1.	ドイツ人は 歩く 前(まえ) に 考(かんが) える。(vor dem Laufen)
2.	イギリス人は 歩き ながら 考える。 (beim Laufen)
3.	イタリア人は 歩いた 後(あと) で 考える。 (nach dem Laufen)

前 (に)	→	Verb **Grundform Gegenwart**	+ 前 (に)
ながら	→	Verb **i-Basis**	+ ながら
後(あと) (で)	→	Verb **Grundform Vergangenheit**	+ 後(あと) (で)

Ihre Aufgabe: Füllen Sie die Klammern der Bedeutung entsprechend aus!
日本人は ( ) と ( ) 考える。
(Japaner denken vor und nach dem Laufen nach.)

i-Basis + に → Ausdruck von Zweck, Ziel oder Absicht

1. 先生 に 会い に 行こう。
   Gehen wir den Lehrer besuchen. Besuchen wir den Lehrer.
2. 生徒(せいと) が 文句(もんく) を 言い に 来た。
   Ein Schüler kam zu mir, um Beschwerde einzulegen. 文句 — Beschwerde; das Meckern
3. 今晩(こんばん) 飲み に いかない？
   Wollen wir nicht heute Abend einen / etwas trinken gehen?
4. 駅(えき) に 迎(むか)え に 来て くれる？
   Kannst du mich vom Bahnhof abholen? 迎えに来る — zum Abholen kommen
5. 来週(らいしゅう) 友だち が 日本から あそび に 来る。 あそびに来る — zu Besuch kommen
   In der nächsten Woche kommt mein Freund aus Japan zu Besuch.

5. …「こと」になる

なる vi. → werden; sich ergeben

Wortart	Form	Verb なる	Inhalt des Ausdrucks
Substantiv oder Nominaladjektiv	Ø + に	なる	eine Veränderung bzw. Entwicklung darstellen
Adjektiv	**Endsilbe** く	なる	eine Veränderung bzw. Entwicklung darstellen
Verb	Grundform + ことに	なる	Ein erreichter Zustand oder eine neue Situation als Ergebnis wird gezeigt. Man kann mit „schließlich, letztendlich, endlich, u.a.“ übersetzen.

Beispiele

1. さむくなりましたね。(Adjektiv)
   Es ist kälter geworden, nicht wahr?
2. そろそろ **9** 時 になります。(Substantiv)
   Langsam wird es 9 Uhr / ist es 9 Uhr.
3. やっとしずかに なりました。(Nominaladjektiv)
   Endlich ist es ruhig geworden. / jetzt endlich ist es ruhig.
4. 日本語 が 好き に なりました。(Nominaladjektiv)
   Jetzt mag ich Japanisch / Endlich habe ich Japanisch lieben gelernt.
5. いくら に なりますか。(Substantiv)
   Was kostet es insgesamt? / Was macht alles zusammen?
6. 私たち、日本 に 行く こと に なりました。(Verb)
   Wir fliegen schließlich doch nach Japan.
7. アメリカ に 留学（りゅうがく） する こと に なりました。(Verb)
   Ich darf endlich in den USA studieren.
8. 来月、結婚（けっこん） する ことに なりました。(Verb)
   Wir sind dazu gekommen, im nächsten Monat zu heiraten.
9. 友だち は ドイツに 来ないことに なりました。(Verb)
   Mein Freund kommt schließlich doch nicht nach Deutschland.
10. ぼくが日本語クラブの ホームページ を 作ることに なりました。(Verb)
    Die Homepage vom Japanisch-Club sollte ich doch schließlich selber erstellen.

Die obigen Ausdrücke werden im Japanischen zwar in der Vergangenheitsform geschrieben, aber man darf nicht vergessen, dass sich die sich ergebende Situation in der Gegenwart befindet.

― 練習 1 ―

I. Vollenden Sie mit entweder もらう oder くれる den Satz und übersetzen Sie ins Deutsche:

1. 母に デジカメ を 買(か)って（　　　　　）。
2. アンネさん が CD を かして（　　　　　）。
3. このプリント、友だち に コピーして（　　　　　）。
4. 先生 が 日本語のメールを 訳(やく)して（　　　　　）。
5. 父 に 引越(ひっこ)し を 手伝(てつだ)って（　　　　　）。
6. 弟(おとうと) に 駅(えき)まで 迎(むか)え に 来て（　　　　　）。
7. ねえ、ちょっと コピーカード かして（　　　　　）？
8. この漢字「飯能(はんのう)」の 読み方(かた)を えみさんに 教えて（　　　　　）。

II. Versuchen Sie folgende Situationen auf Japanisch auszudrücken:

1. Sie haben Ihrer Mutter beigebracht, wie man eine Email schreibt. (Siehe unten Tipps*)
2. Ihre Freundin hat Ihnen eine CD von Robert Schumann geschenkt.
3. Sie haben von Ihrer japanischen Freundin beigebracht bekommen, wie man Osushi zubereitet. (Siehe unten Tipps*)
4. Ihr Bruder hat Sie vom Bahnhof abgeholt.
5. Sie helfen morgen Ihrem Freund beim Umzug.

Tipp: Wie man etwas tut. → Nutzen Sie die Ausdrucksweise von Nr. 8 der Aufgabe I.
<u>**i-Basis** + 方（かた）</u>(Sub.) bezeichnet die Art und Weise, wie man etwas tut.

III. Wie würden Sie die folgenden Situationen auf Japanisch formulieren?

1. Sie lesen ein Buch und essen dabei Schokolade.
2. Sie laufen und telefonieren dabei mit dem Handy.
3. Sie joggen und hören dabei Musik.
4. Sie schlagen Ihrem Freund vor, Kaffee trinken zu gehen.
5. Sie erzählen, dass Sie nach Japan gehen, um Japanisch zu lernen.
6. Sie schlagen vor, morgen schwimmen zu gehen.

― 練習 2 ―

「そう」と「こと」の練習

I. Erkennen Sie den Unterschied von そう in den folgenden Sätzen?

1. わあ、おいしそう！
2. このレストランのおすし、おいしいそうですよ。
3. 先生は 病気（びょうき）だそうですよ。　　びょうき(Sub.) ― krank, Krankheit
4. アンネさん、とても元気（げんき）そうね。
5. うれしそうですね。何かいいことがありましたか。
6. A:「トーマスは、日本で研修（けんしゅう）をしているそうですよ。」
   B:「日本で研修（けんしゅう）？それはおもしろそうね。」　　研修 ― Praktikum

II. Füllen Sie die Klammern mit einem geeigneten Wort in der entsprechenden Form aus.

1. 先生は　(　　　　　　　　)そうですね。
   Unser Lehrer sieht gut / fit / putzmunter / gesund aus, nicht wahr?!
2. アンネさんは　日本で(　　　　　　　　)そうですよ。
   Anne soll momentan in Japan studieren, so sagt man.
3. 先生は　もう日本に(　　　　　　　　)そうですね。
   Unser Lehrer, so habe ich gehört, soll schon bald nach Japan heimkehren.
4. そのテーマはちょっと　(　　　　　　　　)そうですよ。
   Das Thema scheint wohl ziemlich schwierig zu sein.

III. Übersetzen Sie die folgenden Sätze ins Deutsche oder Japanische.

1. 「先生、夏学期（なつがっき）から　日本に行くことになりました！」
2. 「先生、来月、日本に帰（かえ）ることになりました。」
3. 「先生、Bafögがもらえることになりました。」 Bafög - しょうがく金（きん）
4. „Ich werde schließlich ab nächsten Monat in London studieren, Herr Beck!“
5. „Ich bin jetzt endlich so weit, mir ein Auto anzuschaffen, Frau Beck!“

－ 漢字 －

I. Neue Kanji-Wörter:

1. 読み方（よみかた）Sub. - wie man liest; Lesart
2. 行き方（いきかた）Sub. - wie man hingeht; wie man ein Ziel erreicht
3. 乗り方（のりかた）Sub. - wie man mit dem Fahrzeug / dem Verkehr umgeht

Schreiben Sie die obigen Wörter mehrmals. Haben Sie darin schon eine Regelmäßigkeit bemerkt?

Formel:
Verb i-Basis + 方（かた） = Art und Weise, wie man etwas tut

Aufgabe: Schreiben Sie folgende Ausdrücke mit möglichst vielen Kanji-Zeichen:

1. wie man spricht
2. wie man beobachtet / sieht; Sichtweise / Betrachtungsweise
3. wie man (etwas) anwendet / verwendet / gebraucht / benutzt
4. wie man sagt; Ton
5. wie man isst
6. wie man das japanische Bad benutzt（おふろ、入る）
7. wie man (etwas) überhaupt tut
8. wie man (es) schreibt

II. Nächste Aufgabe: **Alle Wochentage sind mit Kanji-Zeichen zu schreiben.**
（よう - 曜）

1. げつようび －
2. すいようび －
3. きんようび －
4. にちようび －
5. かようび －
6. もくようび －
7. どようび －
8. なんようび －

Neue Zeichen: Beachten Sie die Lesart!

金（きん） - Gold
お金（おかね） - Geld
楽しい（たのしい） - es macht Spaß
音楽（おんがく） - Musik

Japan und der Reis 1

Ohne Reis keine Esskultur in Japan.
Die modernen Japaner haben sich mit ihrem zunehmenden Wohlstand immer mehr euro-amerikanisches Essen zu Eigen gemacht – immer mehr Fleisch, mehr Milchprodukte, mehr Mehlgerichte und auch mehr Fastfood wie in vielen anderen Ländern auch. Trotz des großen Wandels in den Essgewohnheiten gilt der Reis nach wie vor als die Basis der japanischen Ernährung und als Mittelpunkt der Esskultur. Und der Reis wird auch weiterhin Kern der Esstradition in Japan bleiben. Sogar eine bestimmte Mentalität der Reisanbaukultur findet sich immer noch tief verwurzelt in Verhaltensweisen der japanischen Gesellschaft.

Wie kam der Reisanbau nach Japan?

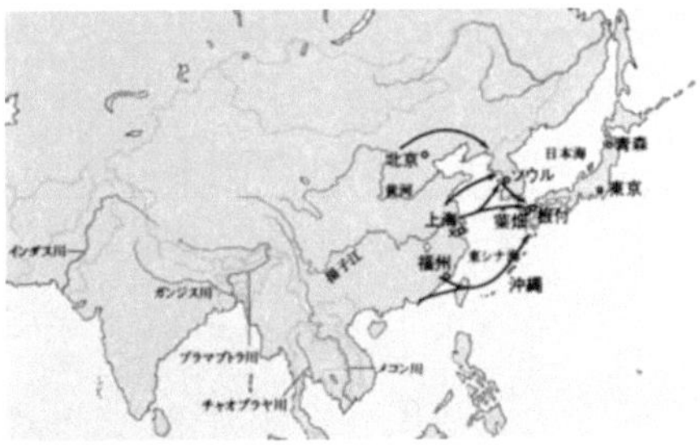

Der Reisanbau wurde vor ca. 3000 Jahren in der nördlichen Region von Kyushu eingeführt und verbreitete sich in kurzer Zeit über ganz Japan.

Früher war der Reisanbau harte Arbeit.

Das Reisfeld wächst jetzt.

reife Reisähren

Es wird maschinell geerntet.

Der Reis wird „Ine“ genannt, bis er geerntet wird.
Gedroschener Reis heißt „Momi“,
raffinierter Reis „Kome“.

Links: Kome Rechts: Momi

― 先生にしかられた！ ―

（カルロスさん の 作文（さくぶん））

Vergleichen Sie die folgenden zwei Texte. Beide Texte haben den gleichen Inhalt, sind aber aus zwei verschiedenen Perspektiven geschrieben.

テキスト１ **Aus der Perspektive des Autors:**

昨日、最後（さいご）の 授業（じゅぎょう） で、山口先生 は アンネさん の 作文を ほめました。先生は、アンネさん の 文章（ぶんしょう） を ボードに 書いて、なぜ それ が いい 表現（ひょうげん） なの か、みんな に 説明（せつめい） しました。それから、ほか の 人 の 書いたテキストも ほめました。
でも、カルロスさん の 作文 について は 何 も言いませんでした。
彼 の 話す日本語も 先生 は ほめませんでした。

今のクラスは これで 終わります。先生 は、次（つぎ） の学期（がっき） に 上のクラスに 行ける人の 名前 を 呼（よ）びました。でも、カルロスさん の 名前 は 呼びませんでした。その代（か）わり、「もう少し勉強してください」と、彼をしかりました。

テキスト２ カルロスさん **schreibt aus seiner Sichtweise:**

昨日の 最後 の 授業で アンネさんは、山口先生 に 作文を ほめられた。先生は アンネさん の 文章（しょう） を ボード に 書いて、なぜそれがいい 表現（ひょうげん） なのか、みんな に 説明してくれた。それから、他（ほか） の人 の 作文 も ほめられた。
でも、僕（ぼく） の 作文 については、何も 言われなかった。僕の 話す日本語 も ほめられなかった。

今のクラス は これで 終わるので、次（つぎ） の学期（がっき） に 上のクラスに 行ける人の 名前 が 呼（よ）ばれた。でも、僕の名前 は 呼ばれなかった。その代（か）わり、「もう少し勉強してください」と、先生にしかられた。

第 15 課

あたらしい単語

1.	しかられた ← しかられる	(vt./vi.) Passivform von zurechtweisen; tadeln; rügen
2.	最後(さいご)	(Sub.) letzter/letzte/letztes
3.	ほめる	(vt./vi.) loben, preisen
4.	文章(ぶんしょう)	(Sub.) Satz, Text
5.	いくつか	(Adv.) etliche; welche; einige
6.	ボード	(Sub.) > eng. board, Tafel
7.	なぜ	(Adv.) warum, wieso
8.	表現(ひょうげん)	(Sub.) Ausdruck
9.	説明(せつめい)する	(vt./vi.) erklären
10.	… について	über etwas
11.	次(つぎ)	(Sub.) nächst
12.	学期(がっき)	(Sub.) Semester
13.	行ける ← 行く	
14.	呼(よ)ぶ	(vt.) herrufen; einen Namen rufen
15.	その代(か)わり	stattdessen; dafür
16.	しかる	(vt./vi.) zurechtweisen, tadeln, rügen
17.	ほめられた ← ほめる	Passivform Vergangenheit von ほめる
18.	された ← する	Passivform Vergangenheit von する
19.	もうすぐ	(Adv.) bald, gleich
20.	呼ばれた ← 呼ぶ	Passivform Vergangenheit von 呼ぶ
21.	しかられた ← しかる	Passivform Vergangenheit von しかる

― 文法　Grammatik ―

Thema der Lektion 15 : Passiv うけみ

Alle Verben können ein Passiv bilden, bis auf „ある、 分かる、くれる und できる“.

Passivform der unregelmäßigen Verben	
する → される	来(く)る → 来(こ)られる

Formel des Passivs: **letzte Silbe aller Verben ausnahmslos mit a-Basis +** れる

5-stufige Verben		1-stufige Verben	
書(か)く schreiben	書(か)かれる	着(き)る anziehen	着(き)られる
呼(よ)ぶ rufen; zurufen	呼(よ)ばれる	捨(す)てる wegwerfen	捨(す)てられる
頼(たの)む bitten	頼(たの)まれる	閉(し)める schließen	閉(し)められる
言う	言われる	食べる	食べられる
出(だ)す abgeben; herausholen	出(だ)される	見つける finden	見つけられる

Vergleich 1	
Deutsch	Japanisch
Ich wurde **von** unserem Professor kritisiert.	先生 に しかられた。
Vergleich 2	
Deutsch	Japanisch
Jemand hat mir das Fahrrad* gestohlen. ↓ Mir wurde das Fahrrad* (von jemandem) gestohlen.	だれか が　ぼくの 自転車 を* とった。 ↓ (ぼくは)(だれか に) 自転車 を* とられた。

* → **Der 4. Fall A を im Aktiv bleibt auch im Passiv A を, während im Deutschen ein Wechsel vom 4. Fall (Aktiv) zum 1. Fall (Passiv) eintritt.**

Vergleich zwischen dem Passivsatz und dem Geben-Bekommen-Ausdruck im Japanischen:

a. ぼくの ケーキ を 食べられる。

b. ぼくの ケーキ を 食べてもらう。

a. ぼくの 古(ふる)い 本 を 捨(す)てられる。

b. ぼくの 古い本 を 捨ててもらう。

Das Ergebnis der Sätze a und b ist gleich, - meine Kuchen oder Bücher sind weg -, aber mein Gefühl oder Interesse der Tat gegenüber ist dabei unterschiedlich. Können Sie den Unterschied erkennen? Wie würden Sie die Unterschiede der obigen Sätze ins Deutsche übersetzen?

― 練習 ―

I. Schreiben Sie die Passivform und die Bedeutung folgender Verben:

Aktiv	Passiv	Aktiv	Passiv
1. 愛(あい)する		6. 教(おし)える	
2. 送(おく)る		7. 思う	
3. ほめる		8. 使(つか)う	
4. 頼(たの)む		9. する	
5. しつもんする		10. 入る	

II. Jemand hat Ihnen Folgendes angetan. Erzählen Sie mit dem angegebenen Verb, was Ihnen angetan wurde.

1. Thomas hat Ihnen ein gutes Referatsthema weggenommen. （とる vt.）
2. Eine große Frau ist Ihnen im Bus auf den Fuß getreten. （ふむ vt.）
3. Ihr Lehrer hat Ihren Namen gerufen. （呼(よ)ぶ vt.）
4. Thomas hat nach Ihrer Telefonnummer gefragt. （Person に etwas を聞く vt.）
5. Thomas hat Sie um Ihre Hilfe beim Umzug gebeten. （頼(たの)む vt.）
6. Maja-san hat zu Ihnen gesagt: "Ich mag dich". (言う)
7. Jemand hat Ihr Fahrrad gestohlen. （とる vt.）
8. Thomas hat Ihre Schokolade gegessen. （食べる vt.）

III. Zusatzaufgabe: Handlung und Zustand – Können Sie diese im Japanischen unterschiedlich ausdrücken?

(Formulieren Sie ohne das Subjekt „Sie")

	Handlung	Zustand
1. 愛(あい)する lieben	Sie werden geliebt.	Sie sind geliebt / beliebt.
2. 招待(しょうたい)する einladen	Sie werden eingeladen.	Sie sind eingeladen.
3. 書(か)く schreiben	Über Sie wird geschrieben.	Über Sie ist etwas geschrieben.

— 漢字 —

I. Bekannte Kanji-Zeichen und ihre erweiterte Anwendung

文（ぶん）	- Satz überhaupt; Text
文章（ぶんしょう）	- Text; konkrete, einzelne Sätze
作文（さくぶん）	- Aufsatz; das Geschriebene unter einem Thema
文字（もじ）	- Schriftzeichen
文学（ぶんがく）	- Literatur
文化（ぶんか）	- Kultur
文明（ぶんめい）	- Zivilisation
天文学（てんもんがく）	- Astronomie (auch ohne 学)
漢文（かんぶん）	- chinesischer Text
文法（ぶんぽう）	- Grammatik

II. Sie können bestimmt die folgenden Wörter lesen?

1. 昨日	5. 毎週	9. 先月	13. 今年
2. 今日	6. 来週	10. 毎月	14. 来年
3. 明日	7. 今週	11. 来月	15. 毎年
4. 毎日	8. 先週	12. 今月	16. 去年

III. Lernen Sie darüber hinaus die Erweiterung der obigen Kanji-Zeichen:
Wie liest man die folgenden Wörter und welche Bedeutung haben sie?

1. 文化人
2. 今日中
3. 明るい
4. 説明
5. 大文字
6. 休日
7. 文明
8. 自明

IV. Schreiben Sie mit Kanji:

1. morgen
2. japanische Literatur
3. heute noch
4. dieses Jahr
5. Aufsatz
6. deutsche Kultur
7. Gestern hatten wir einen Feiertag.
8. Es ist ganz schön hell!

V. Zusatzfrage
Können Sie erraten, was für eine Bedeutung folgende Wörter haben?

1. 文語（ぶんご）
2. 口語（こうご）
3. 英文学（えいぶんがく）
4. 文字化け（もじばけ）

Pausenhof

Japan und der Reis 2

Ohne Reis keine Esskultur in Japan
Im vorigen Teil (S. 87) haben wir gelernt, dass der Reis je nach dem Produktionsstadium unterschiedlich bezeichnet wird.
Wenn der Reis gekocht wird, hat er wiederum einen anderen Namen “ごはん“.

ごはん（ご飯） – Nur mit Wasser gekochter Reis. Es ist die Urform des Reisgerichtes und Hauptnahrungsmittel. Zu diesem Reis werden verschiedene Beilagen serviert. ごはん（ご飯） wird auch als erweiterter Begriff von Essen allgemein verwendet.

Es gibt viele verschiedene Reisgerichte. Ein paar Beispiele hiervon:

おむすび（**oder** おにぎり） – Reisbällchen, die sehr gerne auch als Imbiss oder beim Picknick gegessen werden. Davon gibt es unzählige Variationen.

カレーライス – Curry und Reis, ein sehr beliebtes Gericht, auch mit vielen Variationen.

にぎりずし

In letzter Zeit ist dieses Gericht sehr bekannt geworden. Sushi hat zwar tausende Abwandlungen, aber am meisten wird die Art O-Sushi „にぎりずし“ im Ausland gegessen und als typisch für die japanische Küche gehalten.

Und noch einmal: Ohne Reis keine Esskultur in Japan!
Nicht nur viele Reisgerichte, sondern auch viele andere Produkte aus Reis dürfen nicht vergessen werden, wenn man über die japanische Küche spricht.

Aus Reis hergestellte Produkte:

みそ – Miso-Paste, die vor allem für die Misosuppe gebraucht wird.
しょうゆ – Soja-Soße; nur bei der Herstellung einer bestimmten Sorte wird Reis verwendet.

Keine Küche ohne Miso und Shôyu in Japan wie keine Küche ohne Salz und Pfeffer in Deutschland.

す – Essig
みりん – ein Würzmittel aus Sake
さけ – so genannter Reiswein
しょうちゅう – Schnaps

Aus Reismehl: tausende verschiedene Süßigkeiten und Reiskräcker

第 16 課

― ホテルは 予約(よやく)してありますか。―

アンネさんの 両親(りょうしん)が 来月の5月に 日本へ来ることになりました。両親(りょうしん)は 2週間 日本に 滞在(たいざい)する予定(よてい)です。アンネさんはうれしくて、すぐ旅行(りょこう)のプランを立(た)て始(はじ)めました。山口先生 や えみさんから 色々(いろいろ)アドヴァイスも もらいました。

5月 になりました。もうすぐ両親 が 来ます。アンネさん は 成田(なりた) まで 迎(むか)え に 行くつもりです。

山口先生： アンネさん、旅行(りょこう)の計画(けいかく) は できていますか。

アンネ： はい、だいたい。

山口先生： 電車(でんしゃ)の チケットなど、買ってありますか。

アンネ： 両親はジャパンレイルパスを持っていますので、チケットは要(い)りません。

山口先生： そうですか。それなら簡単(かんたん)ですね。

えみ： アンネさん、どう？どんな 計画(けいかく) が できた？

アンネ： うん、東京(とうきょう)に2，3日いて、それから 一緒(いっしょ)に 京都(きょうと) へ 行く。

えみ： 京都 の ホテル は もう 予約(よやく) してあるの？

アンネ： うん、ネットで探(さが)して、予約しておいた。英語のガイドブックは 買ってあるし、地図(ちず)も もう買ってあるから、大丈夫(だいじょうぶ)だと思うよ。

えみ： 京都 の 後(あと) は、どうするの？ 準備(じゅんび) は してある？

アンネ： うん。私 が ドイツで日本語を 習(なら)った先生が、今は広島(ひろしま) に 住んでいる。

その先生 と 会うことにしているんだ。先月メールを 書いて、私たちの 予定(よてい) を 言っておいた。そうしたら、2，3日 前(まえ) に 返事(へんじ) が あって、広島駅(ひろしまえき)まで迎(むか)えにきてくださるって。

えみ： そう。よかったね。

― あたらしい単語 ―

1.	予約（よやく）	(Sub.) Reservierung
2.	両親（りょうしん）	(Sub.) Eltern, beide Teile der Eltern
3.	滞在（たいざい）	(Sub.) Aufenthalt
4.	予定（よてい）	(Sub.) Plan, Programm, Termin
5.	プラン	(Sub.) Plan
6.	立て始（はじ）める	zusammengesetzt mit 立てる und 始める (vt.) zu planen anfangen
7.	アドヴァイス	(Sub.) vom englischen „ advice“
8.	迎（むか）えに行く	(vt.) jemanden abholen gehen
9.	つもり	(Sub.) Absicht, Vorhaben
10.	計画（けいかく）	(Sub.) Plan, Planung
11.	だいたい	(Adv.) ungefähr; im Großen und Ganzen; grob
12.	など	usw.; u.a.
13.	要（い）りません ← 要る	(vt.) nicht nötig haben; nicht brauchen
14.	それなら	(Adv.) dann; wenn es so ist;
15.	探（さが）す	(vt.) suchen; nachsuchen
16.	地図（ちず）	(Sub.) Atlas; Landkarte; (Stadt-)plan
17.	大丈夫（だいじょうぶ）	kein Problem, es geht, keine Sorge, alles in Ordnung
18.	準備（じゅんび）	(Sub.) Vorbereitung
19.	返事（へんじ）	(Sub.) Antwort; Erwiderung
20.	迎（むか）えに来てくださる	sehr höflicher Ausdruck für „abgeholt werden“

－ 文法 －

Themenübersicht

1. Zusammensetzung mit der て- Form: …てある、…ておく、…いる
2. Verb Transitiv und Intransitiv
3. …ことにする
4. Wunderverb できる

1. Neue Zusammensetzung mit der て- Form: Zustandsausdruck

…ておく、…てある、…ている

Wenn man die sprachliche Darstellungsweise der Welt betrachtet, so könnte man sie in zwei Richtungen klassifizieren: Handlung oder Zustand als Folge einer Handlung.
Die japanische Sprache tendiert eher dazu, die Wirklichkeit in einer Zustandsdarstellung zum Ausdruck zu bringen.

Ein konkretes Beispiel für diese Eigenschaft der japanischen Sprache ist die Zusammensetzung mit den folgenden て-Formen:

1. …ておく → Etwas in einen Zustand bringen. Es bezeichnet eine Handlung und leichzeitig ihr Ergebnis als Erledigtes.
2. …てある → Etwas steht in einem Zustand (als ein Ergebnis einer Handlung).
3. …ている → Etwas/jemand ist gerade bei einer Handlung.
   Etwas/jemand befindet sich gerade in einem bestimmten Zustand.

Satzbeispiele

Zu 1 飲(の)み物(もの)は、今日中(じゅう)に買っておきますよ。vt.
Das Getränk werde ich uns heute noch kaufen (und es wird zur Verfügung stehen).

Zu 2 飲み物はもう買ってあります。
Das Getränk ist schon eingekauft (worden).

Zu 3 (ヤンさんが) 飲み物を冷蔵庫(れいぞうこ)に入(い)れています。vt.
(Jan san) stellt gerade das Getränk in den Kühlschrank.
飲み物は、冷蔵庫(れいぞうこ)に入(はい)っていますよ。vi.
Das Getränk liegt (bereits) im Kühlschrank.

Füllen Sie die Lücken mit den obigen drei て-Formen aus und übersetzen Sie.

1. このページ、もうコピーし（　　　　　　　　）ますか。
2. ヤンさんは　今　何をし（　　　　　　　　）ますか。
3. 飲み物(もの)は、もう買っ（　　　　　　　　）ましたよ。
4. ケイタイは、リュックの中に入っ（　　　　　　　　）よ。　リュック - Rucksack

2. Transitiv und Intransitiv

Alle Verben können je nach dem, ob sie ein Objekt im 4. Fall benötigen oder nicht, in zwei Gruppen eingeteilt werden. Im Japanischen ist das ebenso der Fall.

Transitiv – 他動詞（たどうし） benötigt den 4. Fall （Substantiv を）

Intransitiv – 自動詞（じどうし） ohne 4. Fall

他動詞 vt.		自動詞 vi.	
Person / etwas tut etwas.		Person / etwas tut (sich).	
Jens öffnet das Fenster.		Das Fenster öffnet sich.	
イェンス は / が 窓（まど） を 開（あ）ける。		窓 が/ は 開（あ）く oder 開（ひら）く。	
Beispiele		Beispiele	
1. öffnen	A を 開（あ）ける	öffnen; sich öffnen	A が 開（あ）く / 開（ひら）く
2. schließen	A を 閉（し）める	schließen	A が 閉（し）まる
3. hinein tun	A を 入（い）れる	eintreten	A が 入（はい）る
4. herausholen	A を 出（だ）す	aus-/auf-/abgehen	A が 出（で）る
5. anfangen	A を 始（はじ）める	anfangen	A が 始（はじ）まる
6. fallen lassen	A を 落（お）とす	fallen	A が 落（お）ちる
7. (zer)brechen	A を こわす	(zer)brechen	A が こわれる
8. bewegen	A を 動（うご）かす	sich bewegen	A が 動（うご）く
9. löschen	A を 消（け）す	erlöschen	A が 消（き）える
10. anmachen	A を つける	angehen	A が つく

Regeln für Zusammensetzungen mit den folgenden drei て-Formen:

	Subjekt	Verb (Prädikatsteil)	
1. …おく	**Person**	Transitiv und Intransitiv	+ ておく
2. …ある	**Ding / Sache**	Transitiv	+ てある
3. …ている	**Person**	Transitiv und Intransitiv	+ ている
	Ding	Intransitiv	+ ている

Können Sie in den folgenden Sätzen die obigen Regeln erkennen und dementsprechend übersetzen?

1. みなさん、まどを　開（あ）けておきますよ。いいですね。
2. まどが　開けてある。
3. 先生が　まどを　開けている。
4. まどが　開いている

— Vokabelliste —

他動詞(たどうし) **(Transitiv)**　と　自動詞(じどうし) **(Intransitiv)**

	Bedeutung	他動詞	自動詞	Bedeutung
1	(an)halten	…を止(と)める	…が止(と)まる	(an)halten
2	etwas fortsetzen, weiter machen	…を続(つづ)ける	…が続く	andauern
3	aufwecken	…を起(お)こす	…が起(お)きる	aufwachen
4	etwas bestimmen, entscheiden	…を決(き)める	…が決(き)まる	bestimmt werden entschieden werden
5	etwas finden	…を見つける	…が見つかる	gefunden werden
6	etwas verlieren	…を失(な)くす	…がなくなる	verloren gehen
7	kaputt machen	…を壊(こわ)す	…が壊(こわ)れる	kaputt gehen
8	etwas beschmutzen	…を汚(よご)す	…が汚(よご)れる	schmutzig werden
9	etwas fällen fallen lassen	…を倒(たお)す	…が倒(たお)れる	fallen
10	etwas biegen, abbiegen	…を曲(ま)げる	…が曲(ま)がる	abbiegen, biegen
11	geben, heben	…を上げる	…が上がる	aufsteigen
12	etwas herunter-ziehen	…を下(さ)げる	…が下(さ)がる	sinken, hängen
13	Wasser kochen	…を沸(わ)かす	…が沸(わ)く	Wasser kocht
14	etwas aufstellen	…を立(た)てる	…が立(た)つ	aufstehen
15	etwas bauen	…を建(た)てる	…が建(た)つ	gebaut werden
16	etwas sammeln, versammeln	…を集(あつ)める	…が集(あつ)まる	sich versammeln, zusammenkommen
17	etwas verbessern, reparieren	…を直(なお)す	…が直(なお)る	besser werden, genesen
18	etwas aufräumen, erledigen	…を片付(かたづ)ける	…が片付(かたづ)く	aufgeräumt / erledigt werden
19				
20				

3. …こと に する

Wir haben inzwischen den Ausdruck etwas を する gelernt (als Objekt des Verbs する).
スキーをする、ダンスをする、sind uns schon geläufig.
In dieser Lektion lernen wir eine weitere Anwendungsmöglichkeit von する.

etwas (Substantiv) に する → **ein Ziel, ein Zweck des Verbs する oder ein Wille zum Handeln wird ausgedrückt**

Beispiel Sie sitzen mit Ihren Freunden in einem Café und führen ein Gespräch.

Sie: ねえ、何にする？ (Was möchtest du gerne?)
A： そうだねぇ、何を飲もうか。(Tja, was möchte ich trinken?)
B： ぼくは、カプチーノにする。(Ich einen Cappuccino)
A： じゃあ、私は ミルクティーにしよう。(Also ich nehme einen Milktea !)
Sie: 私は、オレンジジュースにしようかな。(Ich vielleicht Orangensaft?)

An Stelle eines Substantivs kann natürlich auch eine nominalisierte Phrase stehen.

Verb Grundform + こと に する → Bedeutung genau wie oben
(substantivierte / nominalisierte Phrase)

Beispiele
1. 明日から ダイエットをすることにした。
   Ab morgen will / werde ich eine Diät versuchen. (Ich habe mich zur Diät entschlossen.)
2. これから日本語を習(なら)うことにする / した。
   Bald will / werde ich anfangen, Japanisch zu lernen. (Ich habe mich dazu entschlossen, Japanisch anzufangen.)
3. ネットで ホテルを 探(さが)すことにしました。
   Ich will / werde im Internet nach einer Unterkunft suchen. (Ich habe mich dazu entschlossen.)

Vergleichen Sie die folgenden beiden gegensätzlichen Ausdrücke in der japanischen Sprache:

1. 結婚(けっこん)することに しました。 → zur Heirat entschlossen
2. 結婚(けっこん)することに なりました。 → schließlich / endlich dazu gekommen
   結婚する ― heiraten

4. Wunderverb できる

できる hat sehr viele verschiedene Bedeutungen und Anwendungsmöglicheiten:

1. können; fähig sein ― アンネさんは、日本語ができます。
2. fertig, erledigt, geschafft ― できた！(z.B. Kochen, Prüfung, Plan, Arbeit, Übung usw.)
3. gewinnen; bekommen ― 日本で たくさん 友だちができました。
4. gebaut / gegründet werden ― エルベ川に あたらしい橋(はし)ができました。
   はし ― Brücke

－ 練習 －

I. Vollenden Sie folgende Zusammensetzungen als Zustandsausdruck:

1. 先生が　まどを（　　　　　　）います。
2. まどが　（　　　　　　）います。
3. まどが　開(あ)けて（　　　　　　）。
4. 先生がボードにあたらしい漢字を書いて（　　　　　　）。
5. ボードにあたらしい漢字が書いて（　　　　　　）。
6. A：マイクさん、明日のパーティに飲み物(もの)を買って（　　　　　　）？
7. M：はい、もう買って（　　　　　　）よ。
8. みなさん、まどは閉(し)めて（　　　　　　）ください。
9. メンザの前(まえ)に　黒(くろ)いバスが（　　　　　　）います。
10. みなさん、宿題(しゅくだい)は　して（　　　　　　）か。
11. A：みなさん、このテキストは/を読んで（　　　　　　）か。
12. B：いいえ、まだ　読んで（　　　　　　）。

II. Die folgenden Sätze bestehen aus den Paaren von Transitiv und Intransitiv.
Füllen Sie in dem Sinne die Lücken aus.

1. 電気(でんき)が消(き)えていますね。　⇔　だれが　（　　　　　　）か。
2. テーマはもう決(き)まりましたか。　⇔　まだ（　　　　　　）いません。
3. テーブルが汚(よご)れていますよ。　⇔　だれが（　　　　　　）ましたか。
4. ドアが開いていますね。　⇔　ぼくが（　　　　　　）ました。
5. モニターを少し動(うご)かしてください。　⇔
   でも、これ、ぜんぜん（　　　　　　）ません。
6. 犬(いぬ)を家の中に（　　　　　　）ください。　⇔
   でも、犬は入(はい)りたくないと、言っていますよ。
7. それでは、みなさん、今日の授業(じゅぎょう)を（　　　　　　）ましょう。⇔
   授業が（　　　　　　）ました。

III. Was sagen Sie in diesen Situationen auf Japanisch? Möglichst kurz und ohne Subjekt!

1. Die Pizza, die Sie zubereitet haben, ist gerade fertig.
2. Schließlich können Sie doch im nächsten Jahr in Japan studieren.
3. Sie haben sich doch entschlossen, nicht nach Japan zu gehen.
4. Sie haben endlich Ihre Diplomarbeit fertig geschrieben. Hurra!
5. Sie fragen Ihre Freundin, die seit kurzem im Ausland studiert, ob sie dort schon Freunde gefunden hat.

― 漢字 ―

Neue Kanjiwörter der Lektion 16:

1. 予約（よやく） - Reservierung
2. 予定（よてい） - Termin; Plan (konkret)
3. 二週間（にしゅうかん） - zwei Wochen
4. 計画（けいかく） - Plan; Konzept
5. 習う（ならう）（しゅう） - lernen (bei jemandem)

Die Zeichen und ihr Begriff / ihre Bedeutung sind zu lernen:

1. 予 = **vorher, im Voraus**
2. 週 = **Woche**
3. 計 = **zählen, summieren, rechnen, versuchen, planen**
4. 習 = **lernen, wiederholend üben**

Beobachten Sie genau, wie Ihr Lehrer die obigen Zeichen schreibt, und schreiben Sie sie dann selber mehrmals nach.

Wenn Sie nach einer Weile mit den Zeichen vertraut sind, gehen Sie weiter zur nächsten Etappe mit den folgenden Wörtern aus Zeichenkombinationen:

1. 予習 - Jetzt können Sie die Bedeutung dieses Wortes verstehen, bevor Sie es aussprechen können! Das Wort heißt „よしゅう" und bedeutet „vorher lernen, Vorbereitung für das nächste Lernen / den Unterricht".

2. 予定 - Die Bedeutung von 定 ist „bestimmen; festsetzen; festmachen", also bedeutet dieses Wort etwas Vorherbestimmtes, einen Termin.
   Was könnten 予言、予見 **bedeuten? Versuchen Sie es zu erraten.**

3. 時計 - Auch dieses Wort können Sie bestimmt verstehen, es heißt „とけい".
   Versuchen Sie die Bedeutung des Wortes „合計（ごうけい）" zu erraten.

4. 週間 - Woche (als Länge)
   先週、来週 : **Wie liest man die beiden Wörter? Ihre Bedeutung?**
   Aufgabe: Schreiben Sie das Wort „diese Woche und jede Woche" in Kanji.

5. 学習 - **Wie liest man das Wort?**
   Die Bedeutung ist „ das Lernen".
   学習時間、 日本語学習、 習字 ― Können Sie diese lesen?
   練習 ― Kommt dieses Wort Ihnen bekannt vor? Hoffentlich!
   Können Sie erraten, was die folgenden Wörter bedeuten könnten?
   自習、習作

— また いつか 日本 に 来たら、電話してください。 —

いろいろ お世話(せわ)になりました。

山口先生： アンネさんが ドイツに帰(かえ)ったら、さびしくなりますね。

（さびしくなる ね）

ドレスデン に 帰っても、日本のことを 忘れないでください。

（わすれないで ね）

アンネ： もちろん。先生も いつか、ぜひ、ドレスデンへ あそび に 来てください。

ワン： アンネさんも ひま が あったら、メールを書いて（ください）。

アンネ： うん、ワンさんも、日本の 留学(りゅうがく) が 終(お)わったら、ドレスデン に 来てね。

ワン： うん、終わらなくても 行くよ。

森川 洋子(ようこ)： アンネさん、ドレスデン に 帰っても、元気でね。

また日本 に 来たら、ぜひ 電話(でんわ) してください。そして、

時間 が あったら、また 家(うち) に あそび に 来てください。

また、アンネさん の 好きなてんぷら を 作って 待(ま)っていますよ。

アンネ： 森川さん、本当 に いろいろ お世話(せわ) になりました。

カルロス： アンネさん、体 に 気をつけて、がんばってくださいね。

（がんばってね。）

えみ： アンネさん、はなれていても 私たちのこと 忘(わす)れないでね。

アンネ： うん、みんなも 元気でね。また どこかで 会おうね。

― あたらしい単語 ―

1.	(お)世話（せわ）	(Sub.) Bemühung; verschiedenartige Hilfe; das Sich-Kümmern
2.	(お)世話になる	nette Hilfe bekommen, sich um mich gekümmert werden
3.	(お)世話をする	sich um jemanden kümmern
4.	さびしい	(Adj.) einsam; traurig; allein fühlen; melancholisch
5.	さびしくなる	(vi.) jemanden vermissen werden; jemand wird fehlen
6.	忘（わす）れる	(vt.) vergessen
7.	ぜひ	Betonung, wenn man einlädt; sehr gerne; unbedingt
8.	留学（りゅうがく）	(Sub.) Auslandsstudium
9.	あそびに来る	(vi.) zu Besuch (plaudern / sich unterhalten) kommen
10.	ひま	(Nadj.) viel Zeit haben; frei sein
11.	気をつける	(vi.) aufpassen; acht geben
12.	はなれる	(vi./vt.) etwas verlassen; von etwas / jemandem weg gehen
13.	はなれている	weg sein / bleiben; einen Abstand halten

日本語のクラス

－ 文法　Grammatik －

Nebensatz mit der た-Form + ら und mit der て-Form + も

Dieses Thema haben wir schon in Lektion 10 behandelt. Hier vergewissern wir uns noch einmal der Ausdrucksweise der verschiedenen konditionellen Bedingungen.

	Form		Funktion
I	Verb	…たら	1. Konjunktiv II; Konditional (wenn / falls …, dann…)
	Adjektiv	…たら	
	Substantiv Nominaladjektiv	だったら だったら	2. Futur des Perfekts
II	Verb	…ても	1. Konjunktiv (selbst wenn; auch wenn; wenn / wie / was / wann / wo auch immer, …)
	Adjektiv	…ても	
	Substantiv Nominaladjektiv	でも でも	

Beispiele I und Aufgaben:

1. 時間が (_________)、ピアノが / を ならいたい。 (Verb)
   Wenn ich mehr Zeit hätte, dann würde ich Klavier-Unterricht nehmen.
2. 日本から友達(だち)が (_________)、いっしょに パリに 行くつもりだ。 (Verb)
   Wenn mein Freund aus Japan gekommen ist, dann will ich mit ihm zusammen nach Paris fahren.
3. しゅくだいを したら、テレビを見る。 (Verb)
   Wenn ich meine Hausaufgabe erledigt habe, dann will ich fernsehen.
4. そう (_________)、いいね。 (Verb)
   Es wäre schön, wenn es so würde / wenn es sich so entwickeln würde. Das wünsche ich uns.
5. (もし、) よかったら、どうぞ (Adjektiv)
   Bitte schön, wenn Sie möchten.
6. （もし、）、まどを閉(し)めてください。 (Adjektiv)
   Sie dürfen bitte das Fenster zumachen, wenn es Ihnen zu kalt wäre / ist.
7. そう (___________)、うれしい。 (Nominaladjektiv)
   Ich wäre froh / ich würde mich freuen / ich bin froh, wenn es so wäre.

Beispiele II und Aufgaben:

1. ドイツに 帰(かえ)っても、日本のことを 忘(わす)れないでよ。 (Verb)
   Vergiss uns nicht in Japan, auch wenn du nach Deutschland zurückgekehrt bist.
2. いくら言っても、だめ! (Verb)
   Es geht / hilft / bringt nichts, wie oft Du auch bittest / sagst !
3. いくら 説明(せつめい) (_______) 彼(かれ)は 分からなかった。 (Verb)
   Er hat es nicht verstanden, wie oft ich es auch erklärt habe.
4. あたまが いたくても 日本語の 勉強(べんきょう)をする。 (Adjektiv)
   Ich würde mir so eine Kamera nicht kaufen, wie billig sie auch sein mag.
5. (________________)、やってみる。 る = legere Form von する (Adjektiv)
   Ich will es versuchen, wie schwer das auch sein mag.
6. びょうきでも じゅぎょうに出る。 (Substantiv)
   Ich gehe zum Unterricht, auch wenn ich krank bin.

— 練習 —

I. Füllen Sie die Lücken mit ・・たら oder ・・ても entsprechend aus.

1. おすしが　好きですか。よ（　　　　　）、どうぞ　もっと食べて。
Oh, du isst gerne Sushi, dann iss mal noch mehr, wenn du möchtest. ____ – eine Redewendung

2. じゅぎょうが　おわっ（　　　　　）、トレーニングをする。
Ich werde zum Training gehen, wenn dieser Unterricht endet / nach dem Unterricht.

3. その電子辞書（でんしじしょ）、もっと やす（　　　　　）買（か）いたい。
Das E-Wörterbuch würde ich mir gerne kaufen, wenn es noch billiger wäre.

4. 日本語は　むずかし（　　　　　）　好きです。
Ich mag Japanisch, wie schwierig das auch sein mag.

5. 大学を　そつぎょう　し（　　　　　）　日本へ　行く。
Ich werde nach Japan gehen, erst wenn / nachdem ich die Uni abgeschlossen habe.

6. 明日　雨（　　　　　）、マラソンをします。
Auch wenn es morgen regnen sollte, werde ich den geplanten Marathon-Lauf mitmachen.

7. うちに（　　　　　）、すぐ宿題（しゅくだい）をする。
Ich erledige sofort die Hausaufgaben, nachdem ich nach Hause zurückgekommen bin.

8. ひま（　　　　　）そのパーティには 行かない。
Ich will nicht zu der Party gehen, auch wenn ich Zeit hätte.

9. 学生（　　　　　）、割引（わりびき）がありますよ。　わりびき – Ermäßigung
Wenn Sie Student sind, dann bekommen Sie eine Studentenermäßigung.

10. それ（　　　　　）　地球（ちきゅう）はまわっている。　ちきゅう – Erdkugel, Erde
Trotzdem dreht sich die Erde. (Galileo Galilei)　まわる – sich drehen

II. Sagen Sie die folgenden Voraussetzungen im Nebensatz auf Japanisch.
Dabei benötigen Sie kein „ich". Versuchen Sie danach, einen gedachten Hauptsatz hinzuzufügen.

1. Wenn ich in Japan bin (nach Japan gegangen bin), …

2. Wenn das Wetter morgen schön ist, …

3. Wenn ich mal fit wäre, …

4. Wenn ich Zeit hätte, …

5. Wenn ich diesen Artikel durchgelesen habe, …　　Artikel – 記事（きじ）

6. Wenn ich Japanisch sprechen könnte, …

― 漢字 ―

Neue Kanjiwörter:

1. 帰る（かえる） - nach Hause (zurückkehren)
2. 終わる（おわる）vi. - enden; zu Ende gehen; zum Schluss kommen
3. 忘れる（わすれる） - vergessen
4. 待つ（まつ） - auf jemanden / etwas warten; erwarten
5. 体（からだ） - Körper; Korpus; Leib
6. 気（き） - unbeschreibbares / undefinierbares, aber spürbares Etwas in der Atmosphäre und in sich selbst; Luft; Atem

Zu 4. Beachten Sie das Radikal und den Rest des Kanji-Zeichens Nr.4.
Es gibt einige Zeichen mit verschiedenen Radikalen wie zum Beispiel
持つ（もつ）、時（とき）, die Sie schon kennen oder 侍（さむらい）
Das Zeichen ohne Radikal 寺 bedeutet „Tempel".

Zu 5. Im anderen Fall, wenn das Radikal des Zeichens Nr. 5 gleich bleibt und der Restteil sich ändert, ergeben sich folgende Zeichen, die Ihnen schon bekannt sind:
体 ― 休む ― 何 ― 作る ― 住む ― 使う（つかう）

Zu 6. Das Zeichen Nr. 6, das **ungreifbare Etwas**, hat viele Ihnen auch schon bekannte Zusammensetzungen:

元気 （げんき） - 元 heißt Ursprung oder Grund → gesund; Wohlbefinden
天気 （てんき） - 天 heißt Himmel oder Firmament → Wetter
空気 （くうき） - 空 heißt Himmel oder große Leere → Luft
気体 （きたい） - Gasförmiges; einer der drei physikalischen Begriffe Festkörper, Flüssigkeit und Gas
気持 （きもち） - Das Zeichen 持つ kennen Sie schon. → Gefühl; Gemüt
気力 / 体力 (きりょく/たいりょく) - Geisteskraft / Körperkraft
力（ちから / りょく） - Es bedeutet Kraft oder Energie.
合気道（あいきどう） - eine Sportart
気分 （きぶん） - momentane innere Stimmung; Verfassung; Lust und Laune

Sie haben schon bemerkt, das ein und dasselbe Zeichen je nach der Zusammensetzung bzw. dem Wort unterschiedlich gelesen wird (chinesische oder japanische Lesart).
Es ist zu empfehlen, das Wort als ein Ganzes mit seiner Aussprache zu lernen, statt sich auf die unterschiedliche Aussprache von zusammengesetzten Einzelzeichen zu konzentrieren.

Andere Beispiele, die Ihnen vielleicht selbst schon aufgefallen sind:

話す（はなす） - sprechen
話し方（はなしかた） - Sprech-, Redeweise
会話（かいわ） - Konversation
電話 （でんわ） - Telefon
お世話 (おせわ) - dass man sich um jemanden kümmert

Pausenhof 分かりますか

Erraten Sie die Bedeutung folgender Wörter!

1. 火山
2. 火山学
3. 休火山
4. 休学
5. 日の出
6. 日の入り
7. 入力
8. 出力
9. 電力
10. 水力
11. 大水
12. 大雨
13. 水上スキー
14. 下水
15. 手話
16. 手作り
17. 手まきずし
18. 大木
19. 森林学
20. 木を見て森を見ない
21. 見学
22. 入学
23. 一口
24. 一言
25. 人口
26. 乗車口
27. 入国ビザ
28. 川上 / 川下
29. 日食
30. 月食
31. 人力車
32. 力学

Antworten

1. Vulkan 2. Vulkanologie 3. untätiger Vulkan 4. zeitweilige Beurlaubung vom Studium 5. Sonnenaufgang 6. Sonnenuntergang 7. Input 8. Output; Kapazität 9. elektrische Energie 10. Wasserkraft 11. Überschwemmung 12. strömende Regenfälle 13. Wasserski 14. Abwasser 15. Gebärdensprache 16. handgemacht 17. Sushi, das man am Tisch selber rollt 18. riesiger Baum 19. Forstwissenschaft 20. Man sieht den Wald vor lauter Bäumen nicht. 21. Besichtigung 22. die schulische Ausbildung beginnen 23. ein Biss; ein kleiner Bissen 24. ein Wort; kurz gesagt 25. Bevölkerungszahl 26. Einstiegstür 27. Einreisevisum 28. flussaufwärts / flussabwärts 29. Sonnenfinsternis 30. Mondfinsternis 31. Rikscha 32. Dynamik

Sie haben inzwischen kennen gelernt, wie ein japanischer Text geschrieben wird. Er wird gewöhnlich, wie im Beispiel unten, mit den drei verschiedenen Schriftarten Hiragana, Katakana und Kanji-Zeichen verfasst. Manchmal sogar auch noch mit lateinischer Schrift. Und jede Schriftart hat ihre eigenen Funktionen.
Dies stellt gerade eine Einzigartigkeit des japanischen Schriftsystems gegenüber anderen Schriftkulturen in der Welt dar.

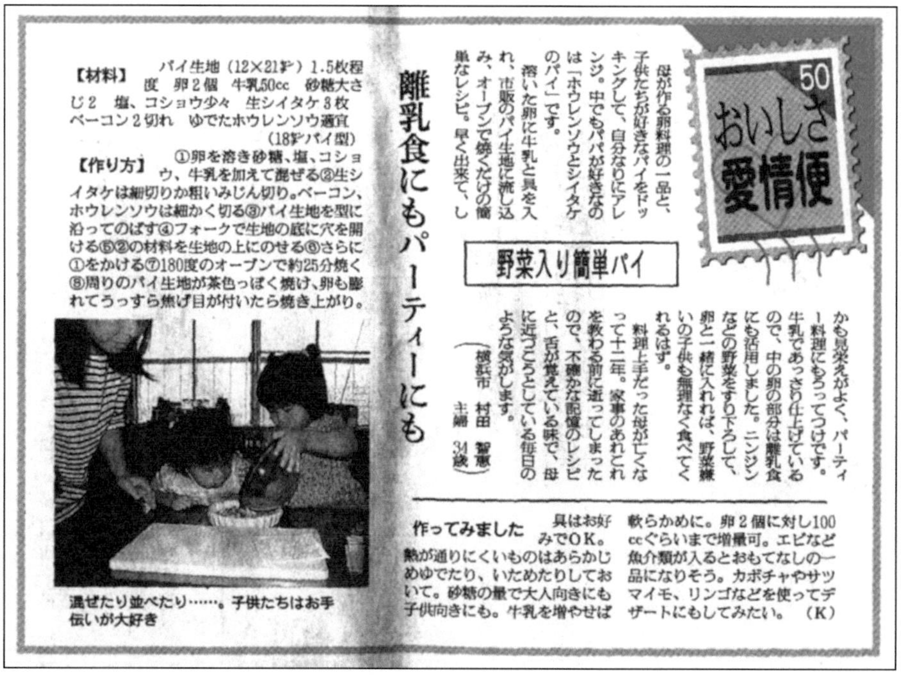

50 おいしさ愛情便

野菜入り簡単パイ

母が作る卵料理の一品と、子供たちが好きなパイをドッキングして、自分なりにアレンジ。中でもパパが好きなのは「ホウレンソウとシイタケのパイ」です。
溶いた卵に牛乳と具を入れ、市販のパイ生地に流し込み、オーブンで焼くだけの簡単なレシピ。早く出来て、しかも見栄えがよく、パーティー料理にもってつけです。牛乳であっさり仕上げているので、中の卵の部分は離乳食にも活用しました。ニンジンなどの野菜をすり下ろして、卵と一緒に入れれば、野菜嫌いの子供も無理なく食べてくれるはず。
料理上手だった母が亡くなって十二年。家事のあれこれを教わる前に逝ってしまったので、不確かな記憶のレシピと、舌が覚えている味で、母に近づこうとしている毎日のような気がします。

（横浜市 村田智恵 主婦 34歳）

離乳食にもパーティーにも

【材料】 パイ生地（12×21㌢）1.5枚程度　卵2個　牛乳50cc　砂糖大さじ2　塩、コショウ少々　生シイタケ3枚　ベーコン2切れ　ゆでたホウレンソウ適宜　（18㌢パイ型）

【作り方】 ①卵を溶き砂糖、塩、コショウ、牛乳を加えて混ぜる②生シイタケは細切りか粗いみじん切り。ベーコン、ホウレンソウは細かく切る③パイ生地を型に沿ってのばす④フォークで生地の底に穴を開ける⑤②の材料を生地の上にのせる⑥さらに①をかける⑦180度のオーブンで約25分焼く⑧周りのパイ生地が茶色っぽく焼け、卵も膨れてうっすら焦げ目が付いたら焼き上がり。

混ぜたり並べたり……。子供たちはお手伝いが大好き

作ってみました 具はお好みでOK。熱が通りにくいものはあらかじめゆでたり、いためたりしておいて。砂糖の量で大人向きにも子供向きにも。牛乳を増やせば軟らかめに。卵2個に対し100ccぐらいまで増量可。エビなど魚介類が入るとおもてなしの一品になりそう。カボチャやサツマイモ、リンゴなどを使ってデザートにもしてみたい。（K）

Entwicklung des Schriftsystems in Japan
Die japanische Sprache hatte ursprünglich keine eigene Schrift. Viele Jahrhunderte lang seit dem 4. Jh. kamen chinesische Zeichen (Kanji) über die koreanische Halbinsel nach Japan, um dort für die japanische Sprache adaptiert zu werden.
Die Schwierigkeit dabei lag darin, dass sich beide Sprachen in der Sprachstruktur genau so unterschieden wie das Deutsche vom Chinesischen. Die Umschreibung von einem Laut oder einer Silbe mit einem chinesischen Schriftzeichen schien zuerst unmöglich.

ein Schriftzeichen	– ein Laut	z.B. „m“ von Mama	→	Deutsch
ein Schriftzeichen	– eine Silbe	z.B. „ま“ - „ma“	→	Japanisch
ein Schriftzeichen	– ein Begriff	z.B. „馬“ - „Pferd“	→	Chinesisch

Können Sie sich vorstellen, wie Sie ein schriftloses gesprochenes Deutsch mit Chinesischen Kanji-Zeichen transkribieren wollen? Die Japaner hatten damals diese äußerst schwierige Aufgabe vor sich. Die Kanji-Zeichen standen vor ihnen. Aber wie sollten sie damit umgehen?

Zuerst wurden die Begriffsschriftzeichen mit ihrer nachempfundenen Aussprache entlehnt und ungefähr an die japanische Aussprachestruktur als Silbensprache angepasst (nur die Aussprache eines Zeichens wurde genutzt).

Die weitere Variante der Adaption: Ein chinesisches Kanji-Zeichen mit gleichem Begriff eines japanischen Wortes wurde japanisch ausgesprochen (nur der Begriff eines Zeichens wurde genutzt). Der Prozess der Adaption hat sich in verschiedenen Phasen mehrere Jahrhunderte lang hingezogen, bis sich endlich ein für die japanische Sprache geeignetes Schriftsystem etabliert hatte. Dabei wurden die Schriften, Aussprache und Begriffe aus vielen Regionen und verschiedenen Epochen übernommen, so dass letztendlich ein japanisches Kanji-Zeichen viele verschiedene Lesarten und Bedeutungen in sich trägt. Ein ähnlicher Vorgang, allerdings kann man die Dimension keineswegs vergleichen, geschieht in letzter Zeit mit dem Englischen.

Entstehung und Entwicklung der Silbenschrift Hiragana und Katakana

Die erste Phase – Die Entlehnung des gesamten chinesischen Textes, der ins Japanische
(ca. 5. Jh.) übersetzt wurde.

Die zweite Phase – Für den japanischen Silbenlaut verwendete man annähernd ähnliche
(ca. 7 – 8. Jh.) Laute der chinesischen Schriftzeichen - genannt Man'yô-gana - mit den Kanji-Zeichen.

Die dritte Phase – Die Kanjizeichen von Man'yô-gana wurden aus arbeitsökonomischen
(ca. 9. Jh.) Gründen vereinfacht

1. Ästhetisch kursiv vereinfacht. Daraus entstand Hiragana.
2. Aus nur einem Teil eines Kanji-Zeichens entstand Katakana (praktisch ein Kurzzeichen).

あ安	い以	う宇	え衣	お於
か加	き幾	く久	け計	こ己

Hiragana

ア阿	イ伊	ウ宇	エ江	オ於
カ加	キ幾	ク久	ケ介	コ己

Katakana

Die vierte Phase – Gemischte Schreibweise in Kanji und Kana, endlich für die Schrift-
(ca. 11. Jh.) benutzung in der japanischen Sprache geeignet

Die fünfte Phase – Nach der Schriftreform Anfang des 20. Jahrhunderts und nach dem 2. Weltkrieg umfasst die japanische Silbenschrift heute 46 Kana-Zeichen.

Anatomie des Kanji-Zeichens

- Kanji-Zeichen sind aus Zeichenelementen zusammengesetzt, die wiederum aus einzelnen Strichen bestehen.
- Ein zusammengesetztes Kanji-Zeichen besteht aus einem sinntragenden Teil, dem „Radikal", und einem weiteren Teil, der die Aussprache andeutet.

Beispiele:
- Element 木 (4 Striche)
- Zusammensetzung mit dem Element 木 als Radikal (木-へん)
  森、本、来る、学校（がっこう）、相談（そうだん, Beratung）

- Über 90 % aller Kanji-Zeichen sind in dieser Weise zusammengesetzt worden.

- Wie kann man ein unbekanntes Kanjizeichen im Lexikon finden?
  1. Nach der Strichzahl des Radikals
  2. Nach der Strichzahl des ganzen Schriftzeichens

Kanji-Lernen in der Schule

- Wir Japaner lernen in den ersten 9 Schuljahren **1945 Kanji-Zeichen**, genannt Jôyô-kanji. Sie sind obligatorisch für einen durchschnittlichen Japaner.
- Davon sollen **1006 Zeichen** in den 6 Jahren der Grundschulzeit gelernt werden:
  1. Klasse - 80 Zeichen, 2. Klasse - 160, 3. Klasse - 200, 4. Klasse - 200, 5. Klasse - 185, 6. Klasse - 181 Zeichen.
- Die restlichen 939 Zeichen lernt man in den drei Jahren der Mittelschulzeit.

Das Kanji-Lernen erfordert von den Schulkindern einen großen Energie- und Zeitaufwand. Es dient allerdings auch als eine Messlatte zum Bildungsniveau der Person.

Alltagsleben und Schrift

Die Schrift ist in Japan nicht nur ein reines Instrument zur Kommunikation, sondern übermittelt auch ästhetische Botschaften des Inhaltes als einen festen Bestandteil vom Design.

Tagesmenü

Ladenschild

Etikett

Kanji-Schrift als Medium der Kunst

Kaligraphie wird in der Bevölkerung allgemein nicht nur sehr gepflegt und hoch geachtet, sondern ist auch als Kunstwerk sehr beliebt.

17. Jh.

19. Jh.

20. Jh.

Japanische Schrift als ein optisches Gedicht

水-Wasser-Zeichen

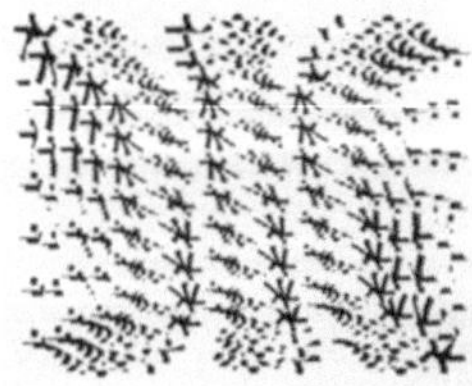

Redewendungen mit そう (es sieht so aus)

―　「そう」の役(やく)に立つ言い回(まわ)し　―

(Regeln s. Seite 32)

Mit Verben

1. 今日は　晴(は)れそうよ。（晴れる１）　- Heute kann es schönes Wetter geben.
2. 遅(おそ)くなりそう　だね。（遅くなる）　- Es kann heute wohl spät werden.
3. 明日までに　全部(ぜんぶ)　できそう？(できる)　- Kannst du eventuell bis morgen alles schaffen?
4. うまく行きそう　ですか？　（行く）　- Könnte es wohl gut gehen?

Mit Adjektiven

1. わあ、おいしそう！　（おいしい）　- Wow, das sieht ja lecker aus!
2. むずかしそう　ねえ　（むずかしい）　- Tja, es sieht schwierig aus.
3. 忙(いそが)しそうですね。　（忙しい）　- Sie sehen ja sehr beschäftigt aus.
4. これ、まずそう！　（まずい）　- Das sieht ja gar nicht lecker aus!
5. これ、よさそう　じゃない？！（よい）　- Oh, das sieht ja nicht gut aus?!
6. 痛(いた)そう　ね。　（痛い）　- Das sieht sehr schmerzhaft aus.

Mit Nominaladjektiven

1. 元気(げんき)そう　ね。　- Du siehst ganz fit aus.
2. ひま　そう　だ　ねえ。　- Du hast wohl viel Zeit, so siehst du aus.
3. 幸せ(しあわせ)そう　でしたよ。　- Sie haben sehr glücklich ausgesehen.
4. 不満(ふまん)そう　ですね。　- Sie sehen unzufrieden aus, oder?

Als Nominaladjektiv

1. 元気そうな　声(こえ)　　　声　－　Stimme
2. うれしそうな　顔(かお)　　　顔　－　Gesicht
3. おいしそうな　ケーキ
4. むずかしそうな　テスト

Zusatzübungen

じょし（Partikel）の　練習　1

Ortsangabe

Wählen Sie aus den unten angegebenen Partikeln (じょし) eine passende aus, falls es nötig ist.　　　　(に、で、から、まで、へ、Ø = null)

Geschichte 1 mit Fragen und Antworten

1. とも子さんは きのう どこ（　）行きましたか。
   パッサウ（　）行きました。/ パッサウ（　）です。
2. ミュンヘン（　）飛行機(ひこうき)で行って、ミュンヘン（　）は 電車(でんしゃ)を 使いました。
3. 何をしに パッサウ（　）行ったのですか。
   とも子さん の 友だち が パッサウ（　）住んでいるんです。彼(かれ)に 会い に 行きました。
4. その友だち は パッサウ（　）何 をしていますか。
   パッサウ大学（　）日本語 の 先生を しています。
5. その人は 日本人ですか。
   いいえ、チェコ のプラハ（　）来た 人です。
6. とも子さんと そのチェコ人の 友だち は 何語で 話しますか。
7. 大学（　）は 日本語で 話します。でも、うち（　）帰(かえ)ると、二人 は チェコ語で 話します。

Geschichte 2 mit Fragen und Antworten

8. 「その かばん とても シックですね。どこ（　）買(か)いましたか。」
9. 「イタリア（　）行った時(とき)、ローマ（　）買いました。
   でも、このかばん、ドレスデン（　）も ありますよ。きのう、Neustadt（　）見ました。安(やす)いもの ですから、どこ（　）も 買えると思(おも)いますよ。」
   この かばん の 中（　）は ポケット が ついています。
   私は いつも そのポケットの 中（　）けいたいを 入(い)れておきます。
   でも、かばん の 中（　）けいたい が 鳴(な)ると、いやですね。
   けいたい — Handy　　鳴る — klingeln　　ポケット — Tasche

Geschichte 3 mit Fragen und Antworten

10. 「とも子さん、とも子さんは どこ（　）生(う)まれましたか。(geboren worden)
11. 東京(とうきょう)（　）です。でも、2才(さい) の時、東京（　）北海道(ほっかいどう)（　）ひっこして、18才まで 北海道/そこ（　）住んでいました。(umziehen)

じょしの　練習　2

Zeitangabe

Wählen Sie aus den unten angegebenen Partikeln (じょし) eine passende aus, falls es nötig ist.　　(に、から、まで、で、Ø = null) und (か、も、は)

1. 来週(しゅう)（　）（　）この宿題(しゅくだい)をして来て下さい。 bis nächste Woche
2. オーストラリアに行ったことが ありますか。ええ、3年前(まえ)（　）行きました。
3. いつ（　）ドレスデンに住んでいるんですか。4年前（　）です。
4. いつ（　）アンナと二人で スペイン へ/に 行きたい（なあ！）。
5. 今日 シュテファンのところで ピザを 作りました。（焼(や)きました）
   あした（　）焼きます。(morgen auch)　焼く ― backen
6. 毎週(しゅう)（　）コーラスクラブで歌(うた)っています。
7. 授業(じゅぎょう)は1時（　）2時半(はん)（　）です。
8. 今日（　）歩(ある)いて バイトに 行ったのですよ。
9. 私のコンサートは 11月 20日（　）です。
   11月 20日（　）私のコンサートが あります。
10. 今日（　）冬学期(ふゆがっき)は 終(お)わります。
    あした（　）休みです。
11. さあ、今（　）べんきょうを始(はじ)めましょう。
12. 今（　）図書館(としょかん)で仕事(しごと)を していました。
13. 仕事は 5時（　）終わります。
14. 郵便局(ゆうびんきょく)は 9時（　）です。
15. 毎朝（　）8時（　）朝ごはん を 食べます。
16. 土曜日（　）何 を しますか。
    土曜日ですか。土曜日（　）サイクリングをします。
17. いつ（　）また ベルリン に 行きますか。
18. いつ（　）テレビ を 見ているんですか！ 早(はや)く 来て下さい！！
19. 毎週（　）月曜日（　）17時（　）18時（　）トレーニングをします。
20. 去年(きょねん)（　）ベルリンに 住んでいました。ドレスデン（　）（　）
    今年（　）4月（　）います。

せつぞくし
接続詞 の まとめ と 練習

Zusammenfassung und Übung von Satzkomplexen mit Konjunktion

<table>
<tr><th></th><th>Nebensatz</th><th></th></tr>
<tr><td>Konjunktion</td><td>Prädikatsform und Konjunktion</td><td>Bedeutung</td></tr>
<tr><td rowspan="2">… と</td><td>Verb/Adj. Grundform Präsens と</td><td rowspan="2">wenn, dann</td></tr>
<tr><td>Substantiv / Nominaladjektiv だと</td></tr>
<tr><td rowspan="2">…ので / から</td><td>Verb/Adj. Grundform Präsens ので / から</td><td rowspan="4">weil; da; denn;
wegen; daher</td></tr>
<tr><td>Verb/Adj. Grundform Präteritum ので/ から</td></tr>
<tr><td>…ので</td><td>Substantiv / Nominaladjektiv なので</td></tr>
<tr><td>…から</td><td>Substantiv / Nominaladjektiv だから</td></tr>
<tr><td rowspan="3">…けど</td><td>Verb / Adj. Grundform Präsens けど</td><td rowspan="3">zwar...aber...; obwohl;
trotz</td></tr>
<tr><td>Verb / Adj. Grundform Präteritum けど</td></tr>
<tr><td>Substantiv / Nominaladjektiv だけど</td></tr>
<tr><td rowspan="2">…まえ(に)</td><td>Verb Grundform Präsens まえ(に)</td><td rowspan="2">vor; bevor</td></tr>
<tr><td>Substantiv のまえ (に)</td></tr>
<tr><td rowspan="2">…あと(で)</td><td>Verb Grundform Präteritum あと(で)</td><td rowspan="2">nachdem; nach</td></tr>
<tr><td>Substantiv のあと(で)</td></tr>
<tr><td>…ながら</td><td>Verb i-Basis ながら</td><td>zwei Handlungen
parallel führen; während</td></tr>
<tr><td rowspan="3">…たら</td><td>Verb / Adjektiv Grundform Präteritum ら</td><td rowspan="3">Konjunktiv II;
Perfekt Futur</td></tr>
<tr><td>Substantiv / Nominaladjektiv だったら</td></tr>
<tr><td>Substantiv / Nominaladjektiv なら</td></tr>
<tr><td rowspan="2">…ても</td><td>Verb / Adjektiv* て-Form も

* Adjektiv て-Form: Endsilbe い weg + て</td><td rowspan="2">auch wenn; selbst wenn;
was/wie/wo/wer/wann...
auch immer sein mag</td></tr>
<tr><td>Substantiv / Nominaladjektiv でも</td></tr>
<tr><td>…て、
…てから、</td><td>Verb て-Form</td><td>zeitliche Abfolge in der
Wirklichkeit</td></tr>
<tr><td>そして</td><td>そして+ Hauptsatz</td><td>und</td></tr>
<tr><td>でも
しかし</td><td>でも、+ Hauptsatz
しかし + Hauptsatz</td><td>aber; jedoch; doch</td></tr>
</table>

― 接続詞（せつぞくし） の 練習 ―

Übung von Satzkomplexen

I. Mit welcher Konjunktion können die folgenden zwei Sätze sinnvoll verbunden werden? Beachten Sie dabei die Zeit des Nebensatzes und passen Sie das Prädikat nach Bedarf an. Der Hauptsatz steht in der rechten Spalte.

1.	日本 に 行きたい。	お金（かね） が ない。
2.	時間 が ない。	宿 題（しゅくだい） をしなかった。
3.	この宿題 をする。	友だちの 所（ところ） に行く。
4.	雨 が ふる。	家で 勉 強（べんきょう） する。
5.	日本 に 行く	すもうを見る。
6.	そのソフトは おもしろい。	高（たか）い。
7.	コンサート に 行く	友だち に 会った。
8.	毎日漢字を れんしゅうする。	今では 300 ぐらい書ける。
9.	あつい。/ さむい。	プールに 行こう。
10.	あつい。/ さむい。	歩（ある）いて 買い物に 行った。
11.	寝（ね）る	英語の本 を 読む。
12.	たくさん歩く	足（あし） が いたくなった。
13.	よく勉強する。	テストはできなかった。
14.	これを 飲む。	元気に なるよ。
15.	友だちが 来る。	いつも おそくまで話す。
16.	むずかしい。	たのしい。
17.	日本語 を たくさん書く。	日本語 が よく分（わ）かるようになった。
18.	先生 に 聞く。	先生も 分からなかった。
19.	メールを 書いている。	友だち が 来た。
20.	30 分待（ま）つ。	友だち は 来なかった。

II. Mit welchem Nebensatz kann der Hauptsatz in der rechten Spalte sinnvoll verbunden werden?

1.	先生 は びょうき な ので、	a.	飲みに行こう。
2.	音 楽（おんがく） を 聞き ながら	b.	勉 強（べんきょう） したくない。
3.	毎日 漢字 を れんしゅうする けど	c.	今日はじゅぎょうがない。
4.	仕事（しごと） が 終（お）わったら	d.	ジョギングをしています。
5.	寝（ね）る前 に	e.	すぐに わすれる。
6.	日本語 は むずかしいから	f.	いつも友だち と 電話 で しゃべる。

わすれる ― vergessen　　しゃべる ― plaudern

Zusatzübungen

Form- und Flexionsübung

Tragen Sie die entsprechende Form für jedes Verb ein.

Verb	Präteritum	Verneinung	+ ながら	Fähigkeit	Passiv	Aufforderung
する						
来る						
話す						
書く						
聞く	聞いた	聞かない	聞きながら	聞こえる	聞かれる	聞こう
食べる						
見る						
寝る						
答える						
歩く						
行く						
飲む						
始める						
終わる						
帰る						
買う						
もらう						
貸す						
乗る						
会う						
持つ						
返す						
入る						
調べる						
待つ						
作る						
手伝う						

Zusammenfassung Grammatik

SATZSTRUKTUR

Satz

Subjekt / Thema (auch ohne) + **Prädikatsteil**

Prädikatsteil

Substantiv **Pronomen** **Nominaladjektiv** **(unveränderlich)**	+	**ohne** です **od.** **mit** です **od.** **mit** だ
Adjektiv **(veränderlich)**	+	**ohne** です **od.** **mit** です
Verb Infinitiv	+	**ohne** ます
Verb gebeugt	+	**mit** ます

SATZKOMPLEX (Standard)

Nebensatz + Konjunktion + **Hauptsatz**

Zusammenfassung Verneinung

1. Verneinung des Substantivsatzes (Pronomen oder Nominaladjektiv):

Substantiv + **ohne** です → Substantiv + じゃない / ではない
Substantiv + **mit** だ → Substantiv + じゃない / ではない
Substantiv + **mit** です → Substantiv + じゃありません
じゃない（です）
ではありません

Vergangenheit → (あり) ません und ない werden in die Vergangenheitsform
じゃ / では ありませんでした und じゃなかった geändert.

2. Verneinung des Adjektivsatzes:

Adjektiv dekliniert in die Verneinungsform
(Endsilbe い → くない) + ohne oder mit です

Vergangenheitsform (Endsilbe von …くない→ かった) + ohne oder mit です

Vergangenheit → Deklinierte Vergangenheitsform + ohne oder mit です
です **wird nie in die Vergangenheitsform geändert.**

3. Verneinung des Satzes mit Verb:

Gegenwart
Verb **Infinitiv ohne** ます→ Verb Infinitiv Verneinungsform (**Verb a-Basis** + ない)
Verb **gebeugt** + **mit** ます→ ます wird in die Verneinungsform ません geändert.

Vergangenheit
Verb **Infinitiv** → **Endsilbe** い **von** Verb a-Basis + ない wird zu かった geändert.
(Verb a-Basis + なかった)
Verb **gebeugt** + ません → ません wird in die Vergangenheitsform ませんでした geändert.

Adverbiale Gradation

1. Beispiel mit dem Adjektiv おいしい (lecker, es schmeckt)

ひじょうに	-		hervorragend
たいへん	-		vorzüglich
とても	-	おいしい（です）	sehr gut
ものすごく	-		ausgezeichnet, köstlich
すごく	-		herrlich, toll, himmlisch
かなり	-	おいしい（？）	ziemlich gut
(まあまあ　です)			nicht so toll, aber auch nicht so schlecht
おいしい（です）			es schmeckt
		(まあまあ　です)	mittelmäßig
あまり	-		nicht so sehr
そんなに	-	おいしくない（です）	nicht sonderlich gut
それほど	-		
たいして	-	おいしくない（です）	nicht besonders
ちっとも	-	おいしくない（です）	gar nicht
ぜんぜん	-		überhaupt nicht

2. Beispiel mit dem Verb できる (leisten, schaffen, können)

ひじょうに　よく	-		
たいへん　よく	-		
とても　よく	-	できました	
すごく　よく	-		
かなり	-	できました	ziemlich gut
よく	-	できました	zufrieden stellend
まあまあ	-	できました	mittelmäßig
あまり　よく	-		nicht so gut
そんなに　よく	-	できませんでした	nicht besonders gut
それほど　よく	-		
たいして	-	できませんでした	nicht viel, nicht gut, kaum
ちっとも	-	できませんでした	gar nicht
ぜんぜん	-		überhaupt nicht
これだけ	-	できました	nur so viel konnte ich
これしか/これだけしか	-	できませんでした	nur so wenig konnte ich

Adverbiale Bestimmung

Wörter, die eigenständig oder als adverbiale Bestimmung benutzt werden können:

1. 後(あと)で - nachher, später　　後で　きます
2. 急(いそ)いで - in Eile, eilig, „schnell!“　　急いで　きました
3. いっしょけんめい - mit ganzer Kraft, mit Leib und Seele
4. 一杯(いっぱい) - etwas ist voll, überfüllt　　おなかが 一杯 (ich bin total satt)
5. けっきょく - schließlich, letztendlich
6. きゅうに - plötzlich, unverhofft, abrupt, unerwartet
7. さすが - großartig/gut, wie man es von jm. nicht anders erwarten kann
8. さっと - husch, flink
9. さっぱり - ganz und gar
10. じっと - bewegungslos, starr und fix　　じっと見る (anstarren)
11. 実(じつ)は - eigentlich, ehrlich gesagt
12. 自分(じぶん)で - selbst, selber　　自分で　します
13. 少(すこ)し - ein wenig, etwas, ein bisschen
14. もう 少し - noch ein bisschen, noch etwas mehr, noch eine Idee
15. すごく ＋ adj. - sehr adj., unheimlich adj., wahnsinnig adj.
16. すぐに - sofort, auf der Stelle, gleich
17. そろそろ - allmählich, langsam (nicht Geschwindigkeit, zeitlich)
18. ちょっと - ein bisschen, einen Moment, dezentes Ablehnungswort
19. もう ちょっと - noch ein bisschen
20. ついに - endlich, schließlich
21. とうとう - schließlich (nach langem Hin und Her, nach langem Warten)
22. ところで - übrigens, apropos
23. とても ＋ adj. - sehr adj. (auch schriftlich)
24. 何(なん)となく - irgendwie, ich kann nicht genau definieren, aber irgendwie
25. 早(はや)く - schnell, früh
26. 一人(ひとり)で - allein
27. もちろん - natürlich, selbstverständlich
28. もっと - noch mehr
29. やっと - endlich (wie man lange erwartet hat)
30. やっぱり - doch (wie man schon gedacht / gewusst / geschätzt hat)
31. ゆっくり - langsam, gemütlich, gemächlich

Kleines Lexikon der Nominaladjektive

(einschließlich Fremdwörter)

		あきらか（明らか）	offenbar, zweifellos, klar
		あわれ（哀れ）	mitleiderregend, arm, armselig
		あんい（安易）	bequem, billig, leichtsinnig
		いろいろ（色々）	verschieden, verschiedenartig
		いや（嫌）	widerlich, abstoßend, scheußlich, unsympathisch
		いんけん（陰険）	hinterhältig,
ようき（陽気）	⇔	いんき（陰気）	düster, dunkel, trübselig
		おくびょう（臆病）	ängstlich, mutlos
		おしゃれ（お洒落）	sehr geschmackvoll, modisch
		おだやか（穏やか）	friedlich, ruhig, gutmütig
		かいてき（快適）	komfortabel, angenehm, bequem
ふかくじつ（不確実）	⇔	かくじつ（確実）	sicher, gesichert, gewiss, Gewissheit
		がくもんてき（学問的）	wissenschaftlich
ふかのう（不可能）	⇔	かのう（可能）	möglich, machbar, denkbar
ふかんぜん（不完全）	⇔	かんぜん（完全）	vollkommen, völlig, perfekt
		かんたん（簡単）	einfach, simpel
		きけん（危険）	gefährlich, Gefahr
		きのうてき（機能的）	funktionell, praktisch
		きゅう（急）	akut, kurzfristig, steil, plötzlich
		きよう（器用）	geschickt, fingerfertig
		きょういくてき（教育的）	erzieherisch, erziehlich
すき（好き）	⇔	きらい（嫌い）	(ich) mag etwas nicht/kann etwas nicht leiden
きたない（汚い a.）	⇔	きれい	hübsch, schön, sauber, rein, aufgeräumt
ちゅうしょうてき	⇔	ぐたいてき（具体的）	konkret
		けいざいてき（経済的）	wirtschaftlich, ökonomisch, sparsam
		けいそつ（軽率）	leichtsinnig (beim Handeln)
		けいはく（軽薄）	leichtsinnig (als Charakter), leichtfertig
		けち	geizig, niedrig
		けっぱく（潔白）	schuldlos, Unschuld
		けっこう（結構）	vorzüglich, sehr gut, genug
		けっていてき（決定的）	entscheidend
じょうひん（上品）	⇔	げひん（下品）	unfein, gemein, unanständig
		げんき（元気）	fit, lebhaft, munter, gesund

ふけんこう（不健康）	⇔けんこう（健康）	gesund, Gesundheit
	けんこうてき（健康的）	gesund, gut für Gesundheit
	げんじつてき（現実的）	realistisch, wirklichkeitsnah
	ごうか（豪華）	prächtig, luxuriös
すなお（素直）	⇔ごうじょう（強情）	hartnäckig, stur, störrisch
	こうふく（幸福）	glücklich, Glück, selig
ふほう（不法）	⇔ごうほうてき（合法的）	rechtmäßig
	こんなん（困難）	schwierig, erschwerend, mühsam
	こうまん（高慢）	hochnäsig,
	ごうまん（傲慢）	arrogant, überheblich
	ごうりてき（合理的）	rationell, rationalistisch
	ざんねん（残念）	schade, bedauernswert
にぎやか（賑やか）	⇔しずか（静か）	ruhig, still, leise, friedlich
ふしぜん（不自然）	⇔しぜん（自然）	natürlich
	じっさいてき（実際的）	pragmatisch
はで（派手）	⇔しっそ（質素）	schlicht, arm, einfach
	じゃま	störend, lästig
ふじゆう（不自由）	⇔じゆう（自由）	frei, zwanglos, unabhängig
ふじゅうぶん（不十分）	⇔じゅうぶん（十分）	genügend, genug, reichlich
	じゅうよう（重要）	wichtig, bedeutend
	じゅうだい（重大）	schwerwiegend, ernst
へた（下手）	⇔じょうず（上手）	sehr fähig, gut können
ふしょうじき（不正直）	⇔しょうじき（正直）	ehrlich, offenherzig, aufrichtig
	じょうねつてき（情熱的）	leidenschaftlich
げひん（下品）	⇔じょうひん（上品）	fein, vornehm, nobel
	じょうぶ（丈夫）	solide, haltbar, gesund, strapazierfähig
ふしんせつ（不親切）	⇔しんせつ（親切）	hilfsbereit, nett, freundlich (für Menschen)
きらい（嫌い）	⇔すき（好き）	(ich) mag etwas, gern haben, Lieblings-
	すてき	wunderbar, herrlich, entzückend
ごうじょう（強情）	すなお（素直）	sanft, brav, gehorsam (als Charakter)
ふせいかく（不正確）	⇔せいかく（正確）	genau, korrekt, richtig
ふけつ（不潔）	⇔せいけつ（清潔）	sauber, rein
	ぜつぼうてき（絶望的）	verzweifelt, verzweifelnd
	そぼく（素朴）	einfach, naiv, schlicht, natürlich (nicht im negativen Sinne)
	だいじ（大事）	wichtig, bedeutend, unentbehrlich
	たいせつ（大切）	wertvoll, wichtig, kostbar, teuer

	たいくつ（退屈）	langweilig
	たいへん（大変）	schrecklich, ungeheuer, fürchterlich, außergewöhnlich, sehr (als Adverb)
	たいら（平ら）	flach, eben
ふたしか（不確か）	⇔たしか（確か）	gewiss, sicher, zuversichtlich
ふくざつ（複雑）	⇔たんじゅん（単純）	einfach, einfältig, unkompliziert
	てっていてき（徹底的）	gründlich, rigoros
	とうぜん（当然）	selbstverständlich, mit Recht
	とくべつ（特別）	besonderes, besonders, speziell, extra

	なめらか（滑らか）	glatt, geschmeidig, fließend, reibungslos
しずか（静か）	⇔にぎやか（賑やか）	lebhaft, belebt
	にちじょうてき（日常的）	alltäglich, gewöhnlich
ふねっしん（不熱心）	⇔ねっしん（熱心）	eifrig, fleißig
	のどか	idyllisch, behaglich, gemütlich

	ばか（馬鹿）	dumm/Dummkopf, Idiot
	はじしらず（恥知らず）	unverschämt, schamlos
しっそ（質素）	⇔はで（派手）	aufsehenerregend, prunkhaft, auffallend
	はなやか（華やか）	prächtig, festlich, herrlich, bunt
	ひじょうしき	unsinnig, absurd, unverständlich
ふひつよう（不必要）	⇔ひつよう（必要）	nötig, notwendig, bedürftig
	ひにく（皮肉）	ironisch, zynisch
いそがしい 忙しい **a.**	⇔ひま（暇）	müßig, man hat freie Zeit
	びんぼう（貧乏）	(finanziell, materiell) arm
かのう（可能）	⇔ふかのう（不可能）	unmöglich
かんぜん（完全）	⇔ふかんぜん（不完全）	unvollkommen, mangelhaft
たんじゅん（単純）	⇔ふくざつ（複雑）	kompliziert, komplex
けんこう（健康）	⇔ふけんこう（不健康）	ungesund
こうふく（幸福）	⇔ふこう（不幸）	unglücklich
しあわせ（幸せ）	⇔ふしあわせ（不幸せ）	unglücklich
	ふしぎ（不思議）	seltsam, wundersam, rätselhaft
べんり（便利）	⇔ふべん（不便）	unpraktisch
まじめ（真面目）	⇔ふまじめ（不真面目）	unseriös, nicht ernst, unaufrichtig, albern
ゆかい（愉快）	⇔ふゆかい（不愉快）	unangenehm
	へいぼん（平凡）	banal, durchschnittlich

じょうず（上手）	⇔へた（下手）	ungeschickt, nicht gut können
	べつ（別）	anderes, verschieden, unterschiedlich
	へん（変）	seltsam, merkwürdig, eigenartig, komisch
ふべん（不便）	⇔べんり（便利）	praktisch, funktionell, nützlich
	ほがらか（朗らか）	frohmütig, heiter, fröhlich
ふまじめ（不真面目）	⇔まじめ（真面目）	ernst, seriös, redlich, ernsthaft
	まっすぐ	gerade, geradeaus, aufrichtig
	みじめ（惨め）	miserabel, armselig
	めいわく（迷惑）	belästigend, störend, lästig
	めんどう（面倒）	mühsam, beschwerlich, Ärger
	ゆうかん（勇敢）	mutig, tapfer
	ゆうつ	wehmütig, trübsinnig, melancholisch
むめい（無名）	⇔ゆうめい（有名）	berühmt, bekannt, namhaft, prominent
ふゆかい（不愉快）	⇔ゆかい（愉快）	amüsant, fröhlich, lustig
まずしい　貧しいa.	⇔ゆたか（豊か）	reich, wohlhabend, reichlich
いんき（陰気）	⇔ようき（陽気）	heiter, frohsinnig
	らく（楽）	bequem, stresslos, behaglich
	らんぼう（乱暴）	grob, gewalttätig, roh, barbarisch
	りこう（利口）	klug, clever, gescheit, schlau
	りっぱ（立派）	großartig, ehrwürdig, herrlich
	りろんてき（理論的）	theoretisch
	りせいてき（理性的）	vernünftig
	ろんりてき（論理的）	logisch

アンバランス	unausgeglichen
インターナショナル	international
エレガント	elegant
カラフル	colourful
クール	cool
クレイジー	crazy
グローバル	global
コンパクト	compact
シック	chic
シヴィア	severe
シンプル	simple

スマート	smart (im Japanischen meistens nur als schlank)
スピーディ	speedy
ソフト	soft
タイムリー	timely
チャーミング	charming
ドラマチック	dramatic
ノーブル	noble
ハイ	high
ハード	hard
パーフェクト	perfect
ハングリー	hungry
ハンサム	handsome
ビッグ	big
フリー	free
フレッシュ	fresh
ベスト	best
ヘルシー	healthy
ホット	hot
マイルド	mild
モダン	modern
ユニーク	unique
ユーモラス	humorous
ローカル	local
ロマンチック	romantic
ワイド	wide
ワイルド	wild

Anmerkungen:

- Die japanischen Wörter sind in der Reihenfolge von あ-い-う-え-お angegeben.
- **Wenn ein Wort dieser Liste attributiv bestimmend verwendet wird, muss dieses immer mit な verbunden werden.**
- **Bei der prädikativen Verwendung werden die Wörter wie Nomen behandelt.**
- **a.** ist die Abkürzung für Adjektiv.
- Vorstehende Wörter sind gegensätzlich / stellen das Gegenteil dar.

Zahlwörter （数字 ー すうじ）

Grundzahlen:

0 ー ぜろ	11 ー じゅういち		
1 ー いち	14 ー じゅうし / じゅうよん		
2 ー に	19 ー じゅうく / じゅうきゅう		
3 ー さん	20 ー にじゅう	30 ー さんじゅう
4 ー し / よん	40 ー よんじゅう	89 ー はちじゅうきゅう
5 ー ご	90 ー きゅうじゅう	
6 ー ろく	100 ー ひゃく	200 ー にひゃく
7 ー しち / なな	300 ー さんびゃく	400 ー よんひゃく
8 ー はち	600 ー ろっぴゃく	750 ー ななひゃくごじゅう
9 ー きゅう / く	800 ー はっぴゃく	902 ー きゅうひゃくに
10 ー じゅう	999 ー きゅうひゃくきゅうじゅうきゅう	

1,000 ー せん	2,000 ー にせん
3,000 ー さんぜん	4,000 ー よんせん
8,000 ー はっせん	10,000 ー いちまん
80,000 ー はちまん	100,000 ー じゅうまん
500,000 ー ごじゅうまん	1,000,000 ー ひゃくまん
10,000,000 ー いっせんまん	
100,000,000 ー いちおく	

Alte japanische Zählweise:

1 ー ひとつ （一つ）
2 ー ふたつ （二つ）
3 ー みっつ （三つ）
4 ー よっつ （四つ）
5 ー いつつ （五つ）
6 ー むっつ （六つ）
7 ー ななつ （七つ）
8 ー やっつ （八つ）
9 ー ここのつ （九つ）
10 ー とお （十）

Ordnungszahlen:

1 ばん ー いちばん
2 ばん ー にばん
3 ばん
・
・
・
und so weiter

▶ Man zählt im Japanischen genau wie im Englischen, außer von 11 bis 19.
Im japanischen Zählsystem beginnt man konsequent mit der höheren Stelle.

Anwendung der Zahlen I

Datum : **Monat** **Tag**

Monat		Tag	
1月	いち がつ	1日	ついたち
2月	に　がつ	2日	ふつか
3月	さん がつ	3日	みっか
4月	し　がつ	4日	よっか
5月	ご　がつ	5日	いつか
6月	ろく がつ	6日	むいか
7月	しち がつ	7日	なのか
8月	はち がつ	8日	ようか
9月	く　がつ	9日	ここのか
10月	じゅう がつ	10日	とおか
11月	じゅういちがつ	11日	*
12月	じゅうにがつ	12日	*
		13日	*
		14日	じゅうよっか
		15日	*
		16日	*
		17日	*
		18日	*
		19日	*
		20日	はつか
		21日	*
		22日	*
		23日	*
		24日	にじゅうよっか
		25日	*
		26日	*
		27日	*
		28日	*
		29日	にじゅうくにち

* = **Zahl** + にち

Zeitdauer in Tagen → **Datum** + かん （間）

Zeitdauer in Monaten → **Zahl** + か げつ （月）

Anwendung der Zahlen II

Uhrzeit :

1 Uhr － いち じ(時) － 1時
7 Uhr － しち じ(時) － 7時
9 Uhr － く じ(時) － 9時

12.05 Uhr － じゅうに じ（時） ご ふん（分） － 12時5分
9.10 /20 /50 Uhr － く じ じゅっぷん /にじゅっぷん /ごじゅっぷん － 9時10分
4.15 / 45 Uhr － よ じ じゅうごふん /よんじゅうごふん － 4時15分
9.30 Uhr － く じ さんじゅっぷん oder く じ はん － 9時30分 od. 9時半

14.18 Uhr － ごご に時 じゅうはっぷん
じゅうよ時 じゅうはっぷん
2.19 Uhr － ごぜん に時 じゅうきゅうふん

um 5 Uhr － 5 じ に (5時に)
gegen 5 Uhr － 5 じごろ（に） (5時ごろに)
am 15.05. － 5がつ15にち に (5月15日に)
im Mai － 5 がつに (5月に)
im Jahr 1990 － 1990ねん に (1990年に)

Sonntag, den 25.11. 2009 → **Reihenfolge !**
2009ねん（年）11がつ（月）25にち（日）にちようび（日曜日）

Bruchzahlen
1/3 → さんぶんのいち
2/5 → ご ぶんのに
1/4 → よんぶんのいち

Rechnen
2 ＋3 ＝ 5 → 2 たす 3 は 5
9 － 3 ＝ 6 → 9 ひく 3 は 6
4 × 5 ＝20 → 4 かけ 5 は20
15 ÷ 5 ＝ 3 → 5 わる 5 は 3

		7	5		2	4		
				3				
3			4		8			2
6		2		8		1		4
	3		1		4		7	
4		1		7		2		8
8			9		3			7
				5				
		9	2		1	3		

すうどく、できますか。

Index（索引） Seite

さ

し

す

せ

そ

た

ち

つ

て

と

な

に

ぬ

ね

む

め

も

や

ゆ

よ

ら

り

わ